50 ANS DE FESTIVAL INTERNATIONAL DU FILM D'ANIMATION D'ANNECY

CRÉATEURS

& CRÉATURES

PRÉFACE / PREFACE

Il y a de multiples façons de fêter un anniversaire… et les idées ne nous manquent pas pour qu'Annecy 2010 reste une édition inoubliable. Mais au-delà des souvenirs que chacun emportera après ces quelques jours nourris d'images et de rencontres que nous souhaitons exceptionnelles, nous avons voulu immortaliser cette commémoration en publiant un livre rassemblant les illustrations d'une cinquantaine de réalisateurs dont les œuvres ont jalonné le parcours du festival.

Toutes générations confondues, ils ont accepté, le temps d'un dessin, de mettre leur créature en situation à l'occasion du 50e anniversaire du festival. Les passionnés d'animation n'auront aucune difficulté à reconnaître la patte artistique et les multiples clins d'œil à la manifestation : le cadre enchanteur d'Annecy avec son lac entouré de montagnes, le Pâquier, ou encore l'ivresse des salles obscures entre acclamations de « lapin » et envolées d'avions en papier… Souhaitons que ce livre donne également aux « non initiés » l'envie de partager un jour la convivialité du festival et de rencontrer au gré d'une terrasse, l'un de ces auteurs qui, depuis 1960, ne se lassent pas de venir.

Hommage rendu par ses compagnons de route à un festival qui n'a eu de cesse de saluer leurs créations en les faisant découvrir au plus grand nombre, ce livre ne prétend pas être exhaustif. Et si nous remercions les « 50 » et les autres de s'être prêtés à l'exercice, n'oublions pas les centaines d'absents que nous admirons tout autant.
Loin d'être un annuaire de référence, il s'agit davantage d'une invitation au rêve, d'une parenthèse pour illustrer l'incroyable diversité de cet art, enfin majeur, qu'est le cinéma d'animation, et qui se nourrit de tant d'autres formes d'expression.
Alors bon voyage et… rendez-vous en 2060 pour le centième anniversaire !

There are many ways to celebrate a birthday… and we are certainly not lacking in ideas to make Annecy 2010 an unforgettable event. But going beyond the memories that each of us will be taking with us after these few days nourished with pictures and meetings that we hope will be exceptional, we wanted to immortalise this commemoration by publishing a book containing illustrations of some fifty filmmakers whose work has marked the course of the festival.

All the different generations accepted to create a drawing for this 50th anniversary of the festival. Animation fans will have no difficulty recognising an artistic style or the numerous nods to the event: the enchanting setting of Annecy with its lake surrounded by mountains, the "Pâquier" or the euphoric atmosphere of the theatres with the cheers of "*le lapin*" and the flying paper planes... Hopefully, the book will also give the "uninitiated" the desire to share in the friendly atmosphere of the festival one of these days and perhaps meet up on a terrace with one of the creators that, since 1960, have tirelessly been paying us a visit.

Homage by its fellow travellers to a festival that has constantly saluted their creations by making them known to a larger audience, this book is by no means exhaustive. And if we are thanking the "50" and others who have taken part in this exercise, we have not forgotten the hundreds absent that we admire just as much.
Far from being a reference directory, this book is more like an invitation to dreams, and a little commentary to illustrate the incredible diversity of this finally major art of animation, an art that nourishes so many other forms of expression.
So have a good trip and... See you again in 2060 for the 100th anniversary!

TIZIANA LOSCHI
Déléguée générale de CITIA
CITIA Managing Director

DOMINIQUE PUTHOD

Président de CITIA

CITIA President

En 1960, après deux éditions à Cannes (1956 et 1958), les Journées internationales du cinéma d'animation (Jica) s'installent à Annecy. À cette époque, parmi ses nombreuses associations culturelles, la ville compte l'un des ciné-clubs les plus importants de France. Ce sont deux de ses membres, Henry Moret et Georges Gondran, qui parviennent à convaincre les organisateurs des Journées du cinéma de faire d'Annecy la capitale du cinéma d'animation. Sans leur initiative, la fabuleuse aventure des Jica n'aurait jamais commencé.

Si Annecy possède de nombreux atouts, notamment touristiques, pour accueillir une manifestation cinématographique, il faut cependant réunir les conditions matérielles et financières nécessaires. Et pour cela, l'engagement de la municipalité est indispensable. Ce n'est qu'avec une majorité d'une voix que le conseil municipal vote la subvention de la manifestation et, par incidence, décide d'accueillir le festival. Sans cette délibération, rien n'aurait été possible.

Aux côtés de la ville d'Annecy, les fondateurs ont su dès l'origine fédérer différents acteurs institutionnels (le conseil général de la Haute-Savoie, la chambre de commerce et d'industrie, le Centre national du cinéma…). C'est sans doute ce qui a permis au festival de surmonter les tempêtes qui ont jalonné son histoire. Aujourd'hui, le nombre de partenaires s'est élargi, avec la communauté de l'agglomération d'Annecy (C2A), la région Rhône-Alpes et l'Europe. Une véritable relation de confiance a été tissée avec toutes ces institutions. Il faut aussi rendre hommage aux différents présidents qui se sont succédé à la tête du Centre international du cinéma d'animation (Charles Bosson, Marie-Noëlle Provent, Bernard Ginibrière). C'est sous leur impulsion que l'événement a pris de l'ampleur et a acquis une véritable dimension internationale. Sans eux et sans le soutien indéfectible des collectivités, la manifestation ne serait pas devenue ce qu'elle est aujourd'hui : un festival, un marché, un lieu d'échanges, un carrefour de projets… regroupant tous les acteurs d'une filière. Sans eux, le projet CITIA (Cité de l'image en mouvement) et la nouvelle structure qui l'accompagne (un établissement public de coopération culturelle) n'auraient pas vu le jour non plus.

Si l'année 2010 nous donne l'occasion de célébrer les cinquante ans du festival, et par là même la riche histoire du cinéma d'animation, elle est aussi marquée par la création d'une nouvelle rencontre professionnelle, le Forum Blanc, et par l'ouverture à Annecy d'une formation dédiée à l'animation 3D, en partenariat avec Gobelins, l'école de l'image.

C'est dans le contexte d'un projet toujours en mouvement que je voudrais profiter de ces quelques lignes pour remercier toutes ces femmes et tous ces hommes qui ont œuvré, d'une manière ou d'une autre, pour qu'Annecy devienne la capitale mondiale du cinéma d'animation.

In 1960, after two editions in Cannes in 1956 and 1958, the Journées internationales du cinéma d'animation (Jica) settled in Annecy. At the time, amongst the numerous other cultural organisations, the town was home to one of the largest film clubs in France, and it was two of its members, Henry Moret and Georges Gondran, who managed to convince the organisers of the Journées du cinéma to make Annecy the capital of animation. Without their initiative, the fabulous Jica adventure would never have begun.

Even though Annecy has much to offer and considerable tourist assets for hosting a film event, the equipment and financial backing are still very necessary requirements for which the support of the municipality is vital. It was with a majority of just one that the local council decided to subsidise the event and consequently to host the Festival. Without that decision, nothing would have been possible.

Outside the town of Annecy, the founders involved different institutional bodies (including the Haute-Savoie council, the Chamber of Commerce and Industry and the Centre national du cinéma). Without a doubt the support of such organisations enabled the festival to overcome the tribulations that have marked its history. Today, the number of partners has grown to now include the Community of Annecy suburbs, the Rhône-Alpes region and Europe, with strong ties forged with each of these institutions.
We should also pay tribute to Charles Bosson, Marie-Noëlle Provent and Bernard Ginibrière, the different presidents who have successfully served at the head of the International Animated Film Centre, and under whose impetus, the event grew and developed a true international standing. Without them and the unwavering support of these groups, the event would not be what it is today: a festival, a market, a place for discussions, a forum for projects... that unites all the industry's players. Without them, the CITIA project (Cité de l'image en mouvement) and the new structure that accompanies it (l'établissement public de coopération culturelle) would not have come into being either.

The year 2010, whilst giving us the chance to celebrate 50 years of the Festival, and thereby the rich history of animation, has also seen the creation of a new professional meeting, the Forum Blanc and the introduction of a new 3D animation course, in partnership with Gobelins, l'école de l'image.

It is in the context of a project that is constantly moving that I would like to use these few lines to thank all the women and men who have worked, in one way or another, to make Annecy the world capital of animation.

PATRICK EVENO

Directeur de CITIA
CITIA CEO

Annecy fut d'abord une promesse. Un lieu mythique, qui serait à l'animation ce que Macao, Zanzibar ou Valparaiso étaient au voyage au long cours. Ceux qui avaient eu la chance d'en être chuchotaient des histoires de là-bas, les yeux brillants. En 1989, après un an et demi à Folimage, j'étais du voyage, je partais à Annecy.
Je ne savais rien alors de la force émotionnelle de l'animation, de sa capacité à capter l'imaginaire, à transcender le réel pour mieux le restituer, à être poésie et violence, fulgurance et caresse. Le choc Jan Švankmajer. J'apprenais à croire que le cinéma pouvait rivaliser avec le spectacle vivant, et que l'expression d'une fourchette animée était capable de bouleverser au même titre que le silence et la respiration d'un comédien.
Je dévorais de l'animation dès que possible durant cette semaine, courant du Mifa à Bonlieu, les deux n'étant alors qu'à un saut de *toon*.
Les artisans ambitieux que nous étions trouvaient au Mifa un lieu de rencontre à leur mesure. Nos convictions, notre exigence n'étaient pas étouffées, à l'inverse de ce qui se passait dans d'autres grands marchés. Nous apprenions et prenions davantage que ce que nous étions en capacité d'offrir.
Longtemps je revins à Annecy, pour me repaître d'animation, jusqu'à satiété. Petit à petit, je fus happé par ce que le marché offrait comme possibilités de rencontres de toutes sortes. Le réseau tournait à plein, et le plaisir des retrouvailles « à Annecy » prenait le pas sur l'appel des salles obscures. Après le temps de la découverte vint celui de la certitude d'appartenir à cette famille-là. Vint aussi le temps de la reconnaissance, celle du public amoureux et heureux, et celle des jurys. Un prix à Annecy fait chavirer, je le sais.

Intégrer l'équipe du festival et du Mifa en 2004 provoqua en moi une impression étrange. De celles que l'on éprouve, en rêve, lorsque l'on voit se dérouler sa vie. Ce fut le temps de l'observation, de la découverte de l'extraordinaire mécanique de précision qu'est un événement de cette taille et de cette ambition. Tout semble si simple quand on déguste Annecy comme festivalier !
La ruée des premiers festivaliers le dimanche à 14 heures, la soirée d'ouverture, le palmarès, le blues du lundi qui suit la clôture sont des moments qui désormais m'appartiennent aussi, et j'en suis fier.

La création de CITIA, en 2006, rendit possible la mise en œuvre de la relation étroite entre exigence de la création et économie culturelle.
Le festival et le Mifa – si étroitement et si heureusement liés pour constituer une manifestation unique au monde, tant par sa pertinence professionnelle que par son esprit singulier – sont le fruit de convictions : celle qu'il fallut à nos prédécesseurs pour imposer et faire grandir librement ce festival, celle de chaque membre de l'équipe actuelle, et celle des bénévoles qui, année après année, nous rejoignent.
De cette belle machine restent des pièces fondatrices, que de nouveaux éléments viennent sans cesse renouveler ou enrichir. Une sculpture vivante, en mouvement, en accord avec son époque.

Annecy was first a promise. A legendary place that would be to animation what Macau, Zanzibar and Valparaiso were to great voyages. For those who had been lucky enough to be part of them, their eyes would sparkle at the whispered stories from those mythical lands. In 1989, after a year and a half at Folimage, I was off on a voyage of my own, I was going to Annecy!
I knew nothing then about the emotional force of animation, its ability to capture the imagination, go beyond so as to improve it, to be poetry and violence, dazzling and a loving touch. The Jan Švankmajer effect. I learned to believe that cinema could compete with the performing arts, and the expression of an animated fork was able to move the feelings as much as the silence and breath of an actor.
I devoured the animation from as early as possible during that week, running between Mifa and Bonlieu, the two being only a *toon* leap away from each other.
The ambitious artisans that we were found Mifa tailor-made for our needs. Our convictions and our demands were not silenced, unlike what was happening at other major trade events. We learnt about and seized on more than we were able to offer.
I went back regularly to Annecy to revel in the animation, *ad nauseam*. Little by little, I became caught up in what the market had to offer in the way of meetings of all kinds. The network was in full swing, and the pleasure of the reunions "at Annecy" took precedence over the call of the screening theatres. After the time of discovery came that of the certainty of belonging to that family there and also a time of recognition, from the loving and happy public and the juries. A prize at Annecy turns things upside down, believe me, I know.

It felt strange joining the Festival and Mifa team in 2004, and seeing something that you had experienced and dreamed about unfold before you. This was a time of observation and the discovery of the extraordinary precision mechanics that is an event of this size and ambition. Everything seems so simple when you taste Annecy from the other side!
The rush of the first festivalgoers on the Sunday at 2 pm, the opening night, the list of prize winners and the Monday morning blues after it's all over are the moments that now belong to me also, and I'm proud of it.

Creating CITIA in 2006 made it possible to establish the close relationship between the demands of creation and cultural economy.
The Festival and the Mifa – so closely and happily linked to make up a unique event in the world, both in its professional relevance and singular spirit – are the result of beliefs: the one our predecessors needed to impose for the festival to grow freely; that of each member of the present team and that of the volunteers that join us year after year.
New elements are constantly renewing or enriching this beautiful machine of which the fundamental parts still remain. A moving, living sculpture, in tune with the times.

TIZIANA LOSCHI

Déléguée générale de CITIA
CITIA Managing Director

Si Napoléon III n'avait pas souhaité « récupérer les versants français des montagnes », le festival international du film d'animation se tiendrait-il à Annecy ? En effet, c'est à l'occasion de la présence du général de Gaulle lors de la commémoration du centenaire du rattachement de la Savoie à la France en 1960 que, pour la première fois, les Journées internationales du cinéma d'animation (Jica) ont été accueillies à Annecy.

Si le ciné-club d'Annecy n'avait pas été un des plus actifs de France, le festival, rendez-vous mondial du cinéma d'animation, aurait-il quitté Cannes ?

Si M. Jack Lang (ministre de la Culture de François Mitterrand) n'avait pas insisté en 1983 sur la dimension économique du secteur, le Marché international du film d'animation (Mifa) aurait-il vu le jour en 1985 ?

Si, à la fin des années 1990, M. Jean-Luc Xiberras, directeur général du festival, n'avait pas milité pour une augmentation du rythme des éditions afin de résister aux tentatives américaines et asiatiques de concurrencer nos manifestations, celles-ci seraient-elles devenues annuelles ?

« Si ma tante en avait ce serait mon oncle, et si mon oncle en était ce serait ma tante », disait Pierre Dac. Et après tout, à quoi bon refaire l'histoire ? Réjouissons-nous plutôt que ce rendez-vous soit devenu incontournable grâce à la mobilisation des participants et des organisateurs successifs depuis cinquante ans !

Si les faits ci-dessus ont été décisifs, c'est dans la passion et l'opiniâtreté qu'il faut chercher l'explication d'un tel parcours.

Issue du monde de l'industrie, lorsque j'ai rejoint « la famille », au milieu des années 1990, j'ai immédiatement été frappée et happée par cette passion fédératrice, capable de rassembler des individualités (souvent très fortes…) par centaines.

D'aucuns disent être nés au festival. J'ai quant à moi souvent parlé d'aventure humaine : ce que vivent tous ceux qui participent à la réalisation d'un film, nous le vivons chaque année en qualité d'organisateurs, de « catalyseurs », pour accompagner l'évolution du cinéma d'animation. Convaincre, mobiliser, rassurer, séduire sans jamais baisser les bras avec la certitude que tout est possible : un éléphant ne peut-il pas voler en vingt-quatre images par seconde ?

Ce cinquantième anniversaire du festival (faut-il parler de maturité ?), qui rime avec le vingt-cinquième anniversaire du Mifa, invite à un retour en arrière : et l'on constate que notre manifestation ne se contente pas de proposer un rendez-vous, mais peut également se targuer d'avoir su accompagner l'évolution du cinéma d'animation, et de se donner, année après année, les moyens nécessaires à son développement.

Faire un état des lieux de l'art de l'animation mondiale avec des projections couvrant tous les formats, organiser des espaces de réflexion pour évoquer les enjeux artistiques, économiques, techniques, créer des espaces pour susciter des rencontres privilégiées, promouvoir œuvres et créateurs : sans doute avons-nous contribué à changer les mentalités pour que le cinéma d'animation ne soit plus perçu comme un amusement pour les enfants mais bien comme un art majeur.

C'est tout à la fois valorisant et excitant de faire partie de cet incroyable mouvement, et je remercie ici « toute la famille » de nous plébisciter chaque année, formidable récompense pour nos efforts renouvelés !

If Napoleon III had not wanted to "reclaim the French side of the mountains", would the International Animation Film Festival have been held in Annecy? Indeed, it was while General de Gaulle attended the centennial commemoration of the annexation of Savoie to France in 1960 that, for the first time, les Journées internationales du cinéma d'animation (Jica) were hosted in Annecy.

If the Annecy film club had not been one of the most active in France, would the festival and the world appointment with animation have ever left Cannes?

If Mr Jack Lang, Culture Minister under François Mitterrand, had not insisted on the economic vitality of the sector in 1983, would the international film market (Mifa) have been created in 1985?

If, in the late 90s, Mr Jean-Luc Xiberras, Managing Director of the festival, had not fought for an increase in frequency of the editions to resist U.S. and Asian attempts to compete with our events, would they have become annual?

"If my aunt had a pair, she'd be my uncle, and if my uncle was a woman, he'd be my aunt", so said Pierre Dac. And after all, what's the point in changing history? Let's just be happy that this appointment has become a must visit thanks to the mobilisation of its participants and successive organisers over the past fifty years!

If the above facts have been decisive, the explanation of such a course lies in passion and persistence.

Coming from an industrial background as I did when I joined "the family" in the mid 90s, I was immediately struck and caught up in this unifying passion, capable of gathering together individuals (often very strong ones...) by the hundreds.

Some talk of being born at the festival, I have a tendency to talk about a human adventure: the one that everyone working on the production of a film experiences, we experience each year as the organisers, the "catalysts" to assist the evolution of animation. Convince, mobilise, reassure, charm without ever giving up with the belief that everything is possible: can't an elephant fly in twenty-four frames per second?

This 50th anniversary of the festival (should we talk of maturity?), which goes hand in hand with the 25th birthday of the Mifa, calls for a flashback: and we find that our event has not been content just to offer an appointment, but can also boast of having been able to assist the evolution of animation, to give it, year after year, the means necessary for its development. No doubt we have helped change attitudes so that animation is no longer perceived as an amusement for children but as a major art by making an inventory of world animation with screenings covering all formats, organising forums for reflection to discuss artistic, economic and technical challenges, creating spaces to create special meetings and promoting work and creators.

It is both rewarding and exciting to be part of this incredible movement, and I would like to thank here "the whole family" for their affiliation each year which is the greatest reward for our repeated efforts!

SERGE BROMBERG

Délégué artistique du festival
Festival Artistic Director

Je ne sais pas vous, mais moi je déteste les jours d'anniversaire. Les fausses surprises, le gâteau (je suis au régime), les bougies (il y en a toujours trop), les cadeaux convenus… Mais bon !
Le festival d'Annecy a cinquante ans. À cette occasion, nous vous invitons à feuilleter cet album de famille un peu original, loin des commémorations, de la nostalgie ou des louanges déplacées. Juste de bons souvenirs, et des messages d'amitié de la part de ceux qui nous ont enchantés et nous enchantent encore.

Et c'est alors qu'un fait étrange se produit.
Notre festival a toujours été un lieu de découverte et de partage, un rendez-vous modeste, éclectique et de curiosité autour d'un art par ailleurs négligé. Et voici que soudain, à l'occasion de ce cinquantenaire, cet ensemble de petits moments de vie, cette succession d'événements indépendants les uns des autres, ces quelques photos de famille semblent former un tout. Et le festival d'Annecy devient cette personnalité attachante, ce petit lutin devenu grand, cette maison que l'on est fier d'habiter et où l'on savoure le talent et les inspirations de toute une planète.
Du coup, finie la lassitude, c'est un appétit nouveau qui nous vient. Que d'évolutions magnifiques, tant du point de vue artistique que technique ! Que de promesses pour une animation qui habite aujourd'hui tous les genres du cinéma ! Sortie de l'ornière, notre discipline devient majeure.
Cet état d'esprit unique, ce dynamisme, cette liberté d'inventer des images – que la prise de vues réelles ne peut totalement donner – deviennent un passage obligé, le sésame de la réussite : le plus gros succès de l'histoire du cinéma est aujourd'hui un film d'animation à 100 % ; les écoles se multiplient ; les fenêtres s'ouvrent.
Et l'on se dit que, finalement, six jours par an, ce n'est pas assez pour montrer toutes les merveilles d'une planète animation en pleine explosion… C'est tout juste suffisant pour nous permettre de tenir pendant une nouvelle année – et l'on se remet à travailler à ses propres films, qui feront bientôt partie de ce grand tout.

Merci aux auteurs, réalisateurs, dessinateurs, producteurs, techniciens, et à notre public chéri, de nous avoir donné tant de bonheur depuis cinquante ans. Vous ne nous avez pas rassasiés.
Vous le savez, Annecy est votre maison, vous y êtes à jamais les bienvenus, et nous sommes fiers et heureux de vous y accueillir chaque année. Et comme nous fêtons cette année notre premier demi-siècle, même si ce n'est – après tout – qu'un anniversaire, oublions la grisaille et fêtons cela de bonne vie. De la beauté, de la fête, de l'animation avec un grand A.

Vous en reprendrez bien une petite part ?

I don't know about you, but I detest birthdays. The false surprises, the cake (I'm on a diet), the candles (there are always too many), the agreed presents... But, hey!
The Annecy Festival is fifty. On this occasion, we invite you to browse this rather original family album that is a far cry from commemorations, nostalgia or displaced praises and just simply some good memories and messages of friendship from those who have enchanted us and are enchanting us still.

And then a strange fact comes into play.
Our Festival has always been a place of discovery and sharing, a modest, eclectic and wondrous appointment about an art that is neglected elsewhere.
And now suddenly, on the occasion of this 50th anniversary, this collection of life's little moments, this sequence of events independent of each other, this handful of family photos seem to coalesce. And the Annecy Festival becomes this engaging personality, this little elf all grown up, this house that we are proud to live in, and where we can appreciate the talent and inspiration of an entire planet.
Then, all of a sudden, there's no more indifference, and our appetite has returned. What fantastic developments, both artistically and technically! What promises for an animation that today resides in all film genres! No longer stuck in a rut, animation has come of age.

This unique mindset, this vitality, this freedom to invent pictures – that live action can not totally render – becomes a must, the key to success. The biggest box office hit in the history of the cinema is now a 100 % animated film, schools are growing in number and windows are opening.
And we say that, finally, six days a year is not enough to show all the wonders of an exploding animation planet... It's just enough to allow us to hold out for another year and start to work on our own films that will soon be part of this great whole.

Thanks to the writers, directors, designers, producers, technicians, and our wonderful public, for giving us so much happiness during these fifty years. We're not full yet.
You know that Annecy is your home, you're always welcome, and we're proud and pleased to welcome you here each year.
And as we are celebrating our first half century this year, even if it's – after all – only a birthday, forget the gloom and celebrate the good life. Beauty, celebration, animation with a big A…

You'll have another little piece, won't you?

MAURICE CORBET

Attaché de conservation du patrimoine, responsable de la collection de cinéma d'animation conservée par le Musée-Château d'Annecy.
Heritage conservation Attaché in charge of the animated film collection held at the Musée-Château, Annecy.

Créateurs & Créatures

En 1960, une étrange galerie de créatures illustrait le premier numéro du journal des premières Journées internationales du cinéma d'animation d'Annecy. Entourant le « Pauvre Pierrot » d'Émile Reynaud et le « Fantoche » d'Émile Cohl – les héros fondateurs –, se pressait une foule plus ou moins anthropomorphe issue de l'imagination débordante de créateurs d'un nouveau genre : les réalisateurs de films d'animation. Ces cinéastes, véritables pygmalions et alchimistes des temps modernes, réalisaient image par image le rêve de bien des peintres et sculpteurs de tous les temps : donner vie à leurs créations. Tels des moines copistes, dans la solitude de leurs studios, ils ciselaient inlassablement les milliers d'images nécessaires au déroulement du temps, inventant de Moscou à Tokyo en passant par Prague, Paris ou Los Angeles, un nouveau langage avare de mots, et pourtant d'une expressivité sans égale. Au festival de Cannes en 1956, ils avaient découvert pour la première fois, par-delà murs et frontières, leur parenté d'expression et d'esprit.

En inaugurant à Annecy un nouveau festival entièrement consacré à leurs créations, ils rêvaient d'être enfin considérés comme des artistes plutôt que comme les laborieux artisans d'une branche, jugée mineure, du « vrai » cinéma. Ce n'est pas que le film d'animation fût ignoré de leurs contemporains. Depuis plusieurs décennies, des chats, souris et autres volatiles venus essentiellement des États-Unis s'illustraient sur les écrans. Mais ces héros des *cartoons* avaient la fâcheuse tendance à prendre toute la place, au point que le dessin animé – l'une seulement des nombreuses techniques permettant la création du mouvement image par image – était synonyme de cinéma d'animation pour la plupart des gens.

Winsor McCay, célèbre créateur de « Little Nemo », pionnier de la bande dessinée comme du dessin animé américain, aurait déclaré à la fin de sa vie devant ses pairs : « L'animation devrait être un art, c'est ainsi que je l'avais imaginée. Mais vous en avez fait un commerce. » (John Canemaker, *Winsor McCay: His Life and Art*, New York, Abbeville Press, 1987). Cette remarque désabusée correspond bien à l'état d'esprit qui prévalait au moment du premier festival d'Annecy. Il s'agissait ici de promouvoir l'art nouveau de l'animation, de montrer et démontrer que cette forme d'expression pouvait s'adresser autant aux adultes qu'aux enfants sages, qu'elle était le lieu d'expérimentations artistiques, qu'elle pouvait être vecteur d'idées, de réflexions philosophiques autant que de contes plus ou moins moralisateurs.

Si pendant longtemps les « créateurs & créatures » ovationnés à Annecy sont restés méconnus du « grand public », les choses ont changé. Aujourd'hui, l'art de l'animation a enfin trouvé sa place et une réelle reconnaissance. Car l'esprit à la fois expérimentateur, généreux, poétique et impertinent des artistes indépendants a en partie gagné les équipes qui œuvrent dans les grands studios. Le long-métrage qui triomphe dans les salles du monde entier n'hésite plus à sortir des sentiers battus du dessin animé pour explorer le volume, avec ou sans lunettes. On ose la poésie, on affronte des sujets réputés graves. Sans oublier les enfants, on crée des univers qui enchantent les adultes. Le cinéma d'animation joue maintenant dans la cour des grands, et Annecy y est sans doute pour quelque chose.
Après cinquante années et plus de trente éditions du festival d'Annecy, il nous a semblé intéressant de dresser une nouvelle galerie de portraits, de réunir sur une grande photo de famille ces « créateurs & créatures » qui ont su faire vibrer les salles anneciennes depuis 1960.

Creators & Creatures

In 1960, a strange collection of creatures illustrated the first newspaper of the inaugural Journées Internationales du Cinéma d'Animation d'Annecy. Surrounding Émile Reynaud's *Poor Pete* and Émile Cohl's *Fantoche* – the founding heroes of animation – was a more or less humanlike crowd originating from the overflowing imaginations of creators of a new genre: animation film directors. These filmmakers, modern-day Pygmalions and alchemists were making the dreams come true, frame by frame, of painters and sculptors past and present: giving life to their creations. Like monks copying scripture, alone in their studios, they were tirelessly chiselling away at the thousands of pictures needed to show the passing of time, inventing from Moscow to Tokyo via Prague, Paris and Los Angeles, a new language sparse of words but unrivalled in expressivity. Then at the 1956 Cannes Festival, beyond walls and boundaries, they discovered for the first time their lineage, in both expressivity and mind.

With the opening in Annecy of a new festival dedicated entirely to their creations, they began dreaming of finally being seen as artists rather than labouring craftsman in a, supposedly inferior, branch of "real" cinema. But it wasn't so much that animated films had been ignored by their contemporaries. For several decades, cats, mice and various other feathery friends coming mainly from the United States had been gracing our screens. But these cartoon heroes had the annoying habit of taking up all the room, to the point that cartoons – just one of a number of techniques that enable frame by frame movement – became synonymous with animation for most people.

Winsor McCay, the famous creator of *Little Nemo* and a pioneer of American comics and animation, apparently declared to his peers before his passing: *Animation should be art. That is how I conceived it. What you fellows have done with it is making it into a trade* (John Canemaker, *Winsor McCay: His Life and Art*, New York, Abbeville Press, 1987). Such a cynical remark perfectly matches the prevailing mindset at the time of the first Annecy Festival. The objective was to promote animation as a new art, to show and demonstrate that this form of expression could speak as much to adults as it could to well-behaved children, that it could be a place for artistic expression and as much a vehicle for ideas and philosophical reflection as for more or less moralistic stories.

If for a long time the "creators & creatures" greeted with wild applause remained unknown to the general public, things have now changed. Today, the art of animation has finally found its place and is truly recognised. Because the experimental, selfless, poetic and impertinent minds of independent artists have in part won over those working in the big studios. The feature that becomes a box office hit in theatres all over the world no longer hesitates to leave the confines of cartoon to explore 3D, with or without glasses. It dares poetry, confronts serious subjects. Without forgetting children, it creates worlds that enchant adults. Animation is now playing in the big league and Annecy has certainly played a part in all that. After fifty years and more than thirty editions of the Annecy Festival, we thought it would be interesting to put together a new collection of portraits and bring together in one big family photo all these "creators & creatures" who have been lighting up Annecy theatres since 1960.

MICHEL CIMENT

BIO

Michel Ciment est né à Paris, le 26 mai 1938. Maître de conférences de civilisation américaine à l'université Paris VII de 1968 à 1999, il mène parallèlement une carrière de critique et d'historien du cinéma. Membre du comité de rédaction de la revue *Positif*, où il écrit régulièrement dès 1963, il est également l'auteur d'une quinzaine d'ouvrages sur le cinéma dont certains traduits en plusieurs langues. Depuis 1991, il produit et anime l'émission « Projection privée » sur France Culture et participe depuis 1970 au « Masque et la plume » de France Inter. Il a été membre de nombreux jurys (Cannes, Venise, Berlin, Annecy, Locarno, Montréal, Chicago…).

Michel Ciment was born in Paris on 26th May 1938. He was a lecturer in American Civilisation at the Paris VII University from 1968 to 1999 while also working as a cinema critic and historian. He has been writing regularly for the film magazine *Positif* since 1963 and has also written fifteen books on the cinema, some of which have been translated into several languages. Since 1991, he has produced and presented the radio show *Projection privée* on France Culture and taken part in the France Culture programme *Masque et la plume* for the past thirty years. He has also been a member of a number of film festival juries including Cannes, Venice, Berlin, Annecy, Locarno, Montreal and Chicago.

Souvenirs d'Annecy

Les premières éditions du festival d'Annecy ont quasiment correspondu avec mes premiers pas dans la critique au début des années 1960. C'était une époque où les ténors de la presse cinématographique – Truffaut, Godard, Marcorelles, Benayoun, Baroncelli, Bory ou Tailleur – se voulaient généralistes et fréquentaient assidûment les manifestations de l'animation, à Tours d'abord, puis à Annecy. On traitait alors d'égal à égal McLaren et Hitchcock, Borowczyk comme Antonioni, John Hubley tout autant que Bergman, sans souci de spécialisation.
À *Positif,* où j'avais choisi d'écrire, les collaborateurs étaient férus de peinture, et certains appartenaient même au groupe surréaliste. Cela les rendait proches d'un art anticonformiste tourné souvent vers l'imaginaire, l'humour ou l'érotisme, qui n'étaient pas les domaines privilégiés de l'image en prises de vues réelles. Il régnait également dans l'animation une liberté esthétique assez exceptionnelle, car elle était moins soumise aux exigences commerciales qu'aujourd'hui, même si les nouvelles vagues, de par le monde, faisaient souffler un vent libérateur dans le cinéma en général.

Tout naturellement, je me rendais à Annecy aussi souvent que possible, fasciné par l'invention et l'expérimentation dont faisaient preuve aussi bien les Britanniques – de George Dunning (*L'Homme volant)* à Jimmy Murakami (*Le Souffle*), Alison de Vere (*M. Pascal*) ou Mark Baker (*La Ferme de la colline*) –, que les Yougoslaves – Nedeljko Dragic (*Dompteur de chevaux*), Borislav Sajtinac (*La Jeune Mariée*) –, ou les Canadiens – Ishu Patel (*Après la vie*), Frédéric Back (*L'Homme qui plantait des arbres*), Co Hoedeman (*Le Château de sable*).

J'étais sensible aussi au renouveau de l'école française avec Laguionie, Otéro, Kamler, et plus tard Ocelot, Chomet et Volckman. Me fascinait tout autant la variété des techniques utilisées : dessin sur cellulo ou sur papier, marionnettes, peinture sur verre, papiers découpés, pixilation, pâte à modeler et, plus récemment, l'animation assistée par ordinateur. Ce travail artisanal, toujours de longue haleine, explique sans doute l'ambiance particulière qui règne dans le public d'Annecy (composé de professionnels et d'amateurs). Les spectateurs sont de vrais connaisseurs, et les artistes présents, fréquemment d'une grande modestie, donnent le sentiment d'appartenir à une grande famille où l'on ne retrouve pas les jalousies, les luttes de clans qui souvent empoisonnent les compétitions prestigieuses.

Ma présence au sein du jury en 1985 fut aussi une expérience forte, aux côtés en particulier de Louise Beaudet qui joua un rôle si important à l'Office national du film du Canada, et du génial réalisateur tchèque Jan Švankmajer, dont *Les Possibilités du dialogue,* tout imprégné de surréalisme, m'avait ébloui deux ans plus tôt. Je me souviens que nous avions été séduits par l'humour dévastateur d'*Une tragédie grecque* de l'animatrice belge Nicole Van Goethem, à qui nous avions attribué le Grand prix, et que nous avions équitablement et malicieusement partagé le prix spécial du jury entre deux films également talentueux : *Enfer* de l'Estonien Rein Raamat et *Paradis* d'Ishu Patel. Un autre moment inoubliable fut, après la présentation en 1993 de *Porco Rosso*, ma rencontre avec Hayao Miyazaki, que j'interviewais au bord du lac avec mon fils Gilles. Il était encore aisé de l'aborder à cette époque…

Annecy a pris un essor considérable ces dix dernières années, multipliant les rétrospectives, les hommages et les tables rondes, développant son marché, regardant aussi bien vers le passé que vers le futur, mais le festival a conservé cette atmosphère chaleureuse et conviviale qui caractérisait ses débuts.

Memories of Annecy

The first editions of the Annecy Festival practically coincided with my first steps as a professional critic at the beginning of the 60s. This was a time when the tenors of the film press – Truffaut, Godard, Macorelles, Benayoun, Baroncelli, Bory or Tailleur – liked to think of themselves as general-interest and regularly frequented animation events, firstly in Tours, then Annecy. We therefore treated McLaren and Hitchcock as equals, Borowczyk like Antonioni or John Hubley as much as Bergman, with no regard for their specialisation.

At *Positif*, where I had chosen to write, the staff were keen on painting, and some of them even belonged to the Surrealist group. This made them close to a nonconformist art often leaning towards the imaginary, humour or eroticism, which were areas given little priority in live action. There was also an exceptional amount of aesthetic freedom to be found in animation, because it was less subjected to commercial requirements than today, even though new liberating waves from around the world were beginning to blow through the cinema in general at that time.

Naturally, I went to Annecy as often as possible, fascinated by the invention and experimentation shown as much in Britain by George Dunning (*The Flying Man*), Jimmy Murakami (*The Breath*), Alison de Vere (*Mr Pascal*) or Mark Baker (*The Hill Farm*), as in Yugoslavia by Nedeljko Dragic (*Tamer of Wild Horses*), Borislav Sajtinac (*The Bride*), or in Canada by Ishu Patel (*Afterlife*), Frédéric Back (*The Man who Planted Trees*) and Co Hoedeman (*The Sand Castle*).

I also appreciated the revival of the French school with Laguionie, Otéro, Kamler, and later Ocelot, Chomet and Vlockman. The variety of techniques interested me too: drawing on cels or on paper, puppets, painting on glass, paper cut-outs, pixilation, clay and, more recently, CGI animation. This craftsmanship, and the long-term aspect of the project, probably explains the special atmosphere that prevails within the Annecy public, made up of professionals and film fans. The spectators are real connoisseurs, and the attending artists, often of modest temperaments, give the impression of belonging to a big family where there is no jealousy or clan battles that so often poison great competitions.

My presence on the jury in 1985 was an intense experience too, especially alongside Louise Beaudet who played a major role at the National Film Board of Canada, and the great Czech filmmaker Jan Švankmajer, whose *Dimensions of Dialogue*, steeped in Surrealism, had staggered me two years previously. I remember we were captivated by the crushing humour of *A Greek Tragedy* by Belgian animator Nicole Van Goethem, to whom we gave the Grand Prix, and that we equitably and slyly shared the jury's Special Award between two equally talented films: *Hell* by Estonian director Rein Raamat and Ishu Patel's *Paradise*. Another unforgettable moment was in 1993, after the presentation of *Porco Rosso*, when I met Hayao Miyazaki and interviewed him by the side of the lake with my son Gilles. He was still easily approachable at that time...

Annecy has expanded considerably over these past ten years, increasing retrospectives, tributes and round-table debates, developing its Market, looking both to the past as well as to the future, but the Festival has managed to keep this warm and friendly atmosphere that characterised its beginnings.

MARCEL JEAN

BIO

Diplômé en cinéma et en littérature, Marcel Jean est l'auteur de plusieurs livres sur le cinéma québécois. Critique au journal *Le Devoir* pendant six ans, collaborateur de la revue 24 images et réalisateur de courts métrages et de documentaires, il dirige de 1999 à 2005 le studio d'animation du programme français de l'Office national du film du Canada. Aujourd'hui, il enseigne à l'Institut national de l'image et du son (INIS), où il est responsable du profil «réalisateur», en même temps qu'il dirige sa propre compagnie de production, fondée en 2005.

Marcel Jean is a Film and Literature graduate and the author of several books on Quebec cinema. He was film critic for the daily *Le Devoir* for six years and also wrote for the magazine 24 images. He has directed short films and documentaries and was head of the animation studio for French programmes at the National Film Board of Canada from 1999 to 2005 before founding his own production company. He is also currently teaching film direction at the Institut national de l'image et du son (INIS).

Des monstres, des femmes et de la terrasse de Bonlieu

J'ai toujours aimé les monstres. J'éprouve une véritable fascination pour ces êtres marginaux, ces corps étonnants, disproportionnés, difformes même. Ainsi «Harpya», la fabuleuse créature de Raoul Servais, insatiable femme-oiseau à la poitrine nourricière mais aux ongles acérés. Comment ne pas aimer cette bête mythique, son crâne chauve et blanc, son plumage immaculé, son allure surprenante de grand perroquet. Quiconque connaît Raoul Servais et son incomparable classe ne s'étonne guère du haut degré de raffinement de l'animal. Tout Servais – son intelligence vive, son habileté technique, son sens graphique, mais aussi son humour et ses accointances surréalistes – se retrouve dans cette harpie qui nous rappelle que le cinéaste est le compatriote de Paul Delvaux, de René Magritte et de Michel de Ghelderode.

J'ai toujours aimé les monstres. Ainsi le grand corps de Frankenstein, avec ses longs bras soulignés par sa veste trop courte, sa tête lourde et rectangulaire, le sourire et le regard si singuliers de Boris Karloff… Plaisir sans cesse renouvelé que celui de voir le monstre s'approcher du personnage qu'interprète une Elsa Lanchester à la chevelure électrique dans *La Fiancée de Frankenstein.* Quel rapport avec le cinéma d'animation? C'est au festival d'Annecy, en 2000, lors de la rétrospective consacrée à Georges Schwizgebel, que j'ai vu pour la première fois *Le Ravissement de Frank N. Stein.* Une révélation! Presque un film expérimental: la musique composite de Michael Horowitz, les travellings répétitifs de Schwizgebel, puis l'émouvante confrontation finale entre la belle et la bête, le déchirant cri d'horreur de la femme, le désarroi et la tristesse qui se figent successivement sur le visage empli d'humanité du monstre, l'image qui se dissipe enfin pour laisser place au générique… De son coup de pinceau reconnaissable entre mille, Schwizgebel s'approprie la créature de Mary Shelley et de James Whale. Son coup de patte est tel que l'image appartient désormais à son univers. Elle n'est pas empruntée, plutôt réinterprétée par un artiste capable de juxtaposer dans un même titre un chef-d'œuvre du roman gothique et un autre de la littérature française moderne, le Frank N. Stein de Schwizgebel devenant malicieusement le cousin de la Lol V. Stein de Marguerite Duras.

C'est à la terrasse de Bonlieu que j'ai fait la connaissance de Georges Schwizgebel: petit, le regard vif, rieur, simple et abordable malgré son statut de surdoué. Malgré surtout ses nombreuses occupations, puisqu'il siège au jury courts et longs-métrages. En fait, c'est moi qui suis coincé, trop impressionné de rencontrer l'auteur de *La Course à l'abîme,* ce parangon de film suisse qu'on dirait réalisé par un maître horloger et qui occupe une place centrale au panthéon de mes courts-métrages favoris. Quelques mois plus tard, nouvelle rencontre, à Montréal cette fois, où Georges me remet un projet intitulé *L'Homme sans ombre.* Nous ferons le film ensemble, entre le studio de l'ONF et celui de GDS. Et c'est encore à la terrasse de Bonlieu, lors de la présentation de *L'Homme sans ombre,* en compétition au festival 2004, que nous conviendrons de nous associer de nouveau pour *Jeu.*

J'ai toujours aimé les femmes. Retour en 2000. Je connais le cinéma de Florence Miailhe depuis *Shéhérazade,* en 1995. Immédiatement séduit, j'ai par la suite vu *Hammam*, réalisé quatre ans plus tôt. Même impression de chaleur, de sensualité. Même bonheur devant cet érotisme féminin encore trop rare, même plaisir à voir onduler ces

emmes aux formes opulentes, à les observer se mouvoir au milieu du chatoiement des tissus et des voiles. Florence Miailhe est à Annecy pour y présenter *Au premier dimanche d'août.* Et revoici ces femmes aux poitrines généreuses, aux courbes des hanches bien dessinées, aux culs tout ronds qui se devinent à travers leurs jupes.
J'attrape Florence Miailhe aux abords de la terrasse de Bonlieu. Nous prenons un verre. Elle a la rondeur sensuelle de ses personnages, la chevelure noire et ample, la voix colorée par un petit rire de fumeuse. Le Nordique que je suis voit en elle une sorte d'archétype méditerranéen. Elle ressemble incroyablement à ses films !
L'année suivante, c'est elle qui siège au jury. On se revoit brièvement même si j'ai produit *Âme noire,* de Martine Chartrand, présenté en compétition. Martine qui, comme Florence, anime directement sous la caméra. Martine qui est si nerveuse qu'elle souffre d'insomnie depuis le début du festival, au point que lorsque commence la projection de son film dans la grande salle, elle dort profondément sur mon épaule et que je peine à la réveiller. C'est toujours à Annecy, mais à la fin du festival 2002, que je rencontre Dora Benousilio. Elle me cherche au marché depuis des jours sans savoir que c'est la terrasse de Bonlieu qui me sert de bureau. Directe et énergique, elle me propose de me joindre à elle pour produire *Conte de quartier,* le prochain film de Florence. Nous nous revoyons à Paris, nous nous entendons et l'aventure démarre. Terminé en 2006, *Conte de quartier* ne sera pas sélectionné à Annecy mais, consolation, sera primé à Cannes.
J'ai toujours aimé les femmes. Encore l'édition 2000 du festival, décidément marquante. J'accompagne Michèle Cournoyer qui présente *Le Chapeau* en compétition. Le public est survolté, comme toujours. La foule commence à taper des mains en cadence sur la musique rythmée qui s'élève pendant le générique d'ouverture. J'ai des sueurs froides. *Le Chapeau* aborde la question sensible des agressions sexuelles, et la projection commence comme s'il s'agissait d'une farce. Puis sur l'écran apparaît le visage de la femme dessinée par Michèle. Quelques traits d'encre noire sur le papier. Presque un autoportrait. Cette femme fixe le public du regard. Intensément. En quelques secondes, la salle est silencieuse, attentive au drame qui se joue maintenant sur l'écran. Les images violentes et troublantes de Michèle se succèdent, se bousculent, comme les idées dans la tête de son personnage revoyant sa vie en cinq minutes, le temps d'une danse. À la fin, les applaudissements nourris sonnent comme une explosion, une libération.
C'est à la terrasse de Bonlieu qu'on ira par la suite savourer ce moment. Michèle est là, si semblable à ses personnages, comme si elle ne savait dessiner qu'elle-même. Plus tard je serai avec Regina Pessoa, dont les grands yeux expressifs rappellent tant ceux des petites filles de *La Nuit* et d'*Histoire tragique avec fin heureuse.* Au fil du temps, je m'amuse à reconnaître la créature chez le créateur. Ainsi, en 2002, après avoir vu *The Rise and Fall of the Legendary Anglobilly Feverson* le premier jour du festival, je reconnais immédiatement Rosto, sur la terrasse, à la table d'à côté. Cette allure de diablotin punk, cette dégaine de vedette rock, ces grands gestes souples et secs de prestidigitateur. C'est bien lui qui s'amuse à déformer les corps et à créer cet univers cyberpunk… J'ai toujours aimé les monstres !

Monsters, Women and the Terrace at Bonlieu

I've always loved monsters. I have a real fascination for these marginal beings, these amazing disproportionate, even distorted bodies. Take *Harpya,* Raoul Servais' fabulous creature, the insatiable bird-woman with the nurturing breasts but ever so sharp claws. How could you not like this mythical beast with its bald white head, its immaculate plumage, its amazing gait of a great parrot. Anyone who knows Raoul Servais and his incomparable class would not be surprised at this animal's high degree of refinement. All of Servais – his keen intelligence, his technical ability, his graphic sense, but also his humour and Surrealist acquaintances – is in this harpy that reminds us that the filmmaker is a compatriot of Paul Delvaux, René Magritte and Michel de Ghelderode.
I've always loved monsters. Take the great body of Frankenstein, with his long arms emphasised by a jacket with sleeves that are too short, his heavy rectangular head and the curious smile and look of Boris Karloff… What a treat it always is to see this monster sidle his way up to the character played by an Elsa Lanchester complete with electric hair in *The Bride of Frankenstein.* What does this have to do with animation? Well, it was at the Annecy festival in 2000, during the Georges Schwizgebel retrospective that I saw *Le Ravissement de Frank N. Stein* for the first time. What a revelation! This is almost an experimental film: the music composed by Michael Horowitz, Schwizgebel's repeated tracking shots, the poignant final confrontation between beauty and the beast, the woman's agonising scream and the confusion and sadness that are successively frozen on the expressively human face of the monster as the image finally fades into the credit sequence… With his unmistakeable

brushwork Schwizgebel makes the creature nvented by Mary Shelley and James Whale his very own. His style is such that the image has now become part of his world. It is not borrowed but reinterpreted by an artist capable of juxtaposing in he same piece a master-work of Gothic romance and a modern French literary work, Schwizgebel's Frank N. Stein becoming maliciously the cousin of Marguerite Duras' Lol V. Stein.

t was on the terrace at Bonlieu that I first met Georges Schwizgebel: small, bright eyes, cheer-ul, simple and approachable despite his status as a gifted artist and especially despite his many occupations, as he was a member of the short and eature film jury at the time. In fact, I was the one eeling uneasy and a little overwhelmed at mee-ing the creator of *La Course à l'abîme*, this para-gon of Swiss film that seems to have been made by a master watchmaker and occupies a central place in the pantheon of my favourite short films. A ew months later, I met him again, in Montreal this ime, where he showed me a project entitled *The Man with No Shadow*. We went on to do the film ogether, between the studios at the NFB and GDS. Once again, it was on the terrace at Bonlieu, when *The Man with No Shadow* was in competition at Annecy 2004, that we decided to work together again on *Jeu*.

've always loved women. Let's go back to 2000. 'd been aware of Florence Miailhe's work since *Scheherazade,* in 1995. Immediately charmed, I ater saw *Hammam*, made four years earlier and had the same feeling of warmth and sensuality. The same pleasure faced with this still too rare emale eroticism. The same delight in seeing hese shapely undulating women and watching hem moving amidst shimmering fabrics and veils. Florence Miailhe was in Annecy to present *A Summer Night Rendez-Vous*. And here they were again, these women with their generous breasts their well defined curves of the hips, and the roun-ded buttocks that could be perceived through thei skirts.

I caught up with Florence Miailhe on the edge o the terrace at Bonlieu. We had a drink together She has the sensual curves of her characters thick black hair and a colourful voice enhancec by a smoker's chuckle. My northern origins saw ir her a kind of archetypal Mediterranean. She looks incredibly like her films!

The following year, she was the one on the jury We caught up with each other briefly even though I had produced Martine Chartrand's *Black Sou* which was in competition. Martine, who like Flo-rence, animates directly under the camera, was so nervous that she had been suffering from insom-nia since the beginning of the festival, so much so that when her film was screened in the mair theatre, she fell soundly asleep with her head or my shoulder and I had trouble waking her. Still ir Annecy, but this time at the end of the 2002 fes-tival, I met up with Dora Benousilio. She had beer looking for me for days at the market not realising that I used the terrace at Bonlieu as my office Direct and full of energy, she suggested I produce Florence's next film *Conte de quartier*. We saw each other again in Paris, got along well and the adventure began. *Conte de quartier* was finishec in 2006 and was not selected at Annecy but, as a consolation, was rewarded at Cannes.

I've always loved women. Once again during the very memorable edition of 2000, I was with Michèle Cournoyer whose film *The Hat* was ir competition. The audience was over-excited, as usual. They started to clap in time with the music in the opening credits. I was in a cold sweat. *The Hat* treats the sensitive subject of sexual assault and the screening was beginning as if it was a comedy film. Then the face of the woman Michèle had drawn in a few black lines on paper appears on the screen. It's almost a self-portrait. This woman stares straight at the audience. Within seconds, the theatre is silent, paying attention to the drama that is unfolding on the screen. Michèle's violent and disturbing pictures follow one another, jostling each other like the ideas in the head of the character seeing her life in the five minutes of a dance. In the end, the applause sounds like an explosion and a release.

We go to the terrace at Bonlieu to enjoy the moment. Michèle is there, looking so much like her characters, as if she had drawn herself. Later I would be with Regina Pessoa, whose large expressive eyes look so much like the little girl's in *The Night* and *Tragic Story with Happy Ending*. Over time, I take pleasure in trying to recognise the creature in the creator. Take in 2002, after seeing *The Rise and Fall of the Legendary Anglobilly Feverson* the first day of the festival, I immediately recognised Rosto, on the terrace, at the next table with his look of a devilish punk rock star and flowing snappy magician-like gestures. He's the one who plays around at distorting bodies and creating a cyberpunk world… I've always loved monsters!

SAYOKO KINOSHITA

BIO

Née à Tokyo, Sayoko Kinoshita travaille d'abord à l'animation de programmes pour la télévision, avant d'entreprendre une carrière dans l'enseignement. À partir des années 1980, elle dispense des cours et des séminaires sur l'animation destinés aux étudiants et aux professionnels de l'audiovisuel. En 1985, elle crée Hiroshima, le premier festival international d'animation en Asie, sous l'égide de l'Asifa, dont elle sera présidente de 2007 à 2009.

Born in Tokyo, Sayoko Kinoshita first worked on the animation for TV programmes before concentrating on a teaching career. During the 80s she taught animation and gave lectures at seminars to students and professionals from the audiovisual industry. She created Hiroshima, the first international animation festival in Asia, in 1985, which is endorsed by Asifa, for which she was President from 2007 to 2009.

Émotions fortes au festival d'Annecy

Participer à un festival de cinéma est un vrai plaisir quand vous êtes réalisateur d'un film en compétition.
En 1979, j'ai été invitée, avec mon mari aujourd'hui décédé, Renzo Kinoshita, au festival d'Annecy, où notre film *Pica Don* était en compétition. C'était ma première visite à Annecy, alors que Renzo avait déjà assisté à Annecy 77, où il avait présenté en compétition son œuvre précédente, *Japanese*. Comme j'avais beaucoup entendu parler de son excellente expérience, je suis montée dans le train à Paris, pleine d'espoir et d'attentes. Et quand nous sommes arrivés à Annecy, j'avais sous les yeux une ville encore plus belle que ce que j'avais imaginé. L'eau claire du lac et de la rivière était rafraîchissante après notre long voyage depuis Tokyo, et nous avons été accueillis à bras ouverts par l'équipe du festival. Cette année-là, nous logions au *Splendid Hôtel*, juste en face du site du festival, de l'autre côté du canal. L'ancien bâtiment abritant le festival, avant que le centre Bonlieu soit construit, était un charmant théâtre avec des loges à l'ancienne. Le soir, les habitants de la ville s'y rassemblaient pour voir le programme des films en compétition, en tenue de soirée, comme s'ils allaient au concert. La tension parmi les réalisateurs en compétition était palpable dans cette atmosphère pourtant agréable ; le « monde de l'animation pour adultes » au sens propre du terme.

En tant que réalisateurs en compétition, Renzo et moi avons regardé les autres films avec beaucoup d'attention. Nous étions stupéfaits de voir tant de grands films, faits par des cinéastes reconnus qui tiraient avec un immense talent le meilleur parti des techniques variées de l'animation : *Harpya* de Raoul Servais, *Après la vie* d'Ishu Patel, *Step by Step* de Faith Hubley, *Reflets* de Jerzy Kucia, *M. Pascal* d'Alison de Vere ainsi que les films de Frédéric Back, Jimmy Murakami, Nicole Dufour, Bernard Palacios, Gisèle Ansorge et d'autres réalisateurs très doués de l'Office national du film du Canada, de Russie et des pays de l'Est. Après la première projection, Renzo et moi étions tellement éblouis que nous sommes partis en courant du théâtre, comme des footballeurs qui viendraient de perdre un match à cause d'un but marqué contre leur camp. Nous nous sommes réfugiés dans un restaurant et, après un verre de vin, nous avons enfin commencé à parler des films que nous avions vus et qui nous avaient transportés. Nous étions remplis de bonheur et d'admiration.

Le jour de la projection de notre film, nous étions très nerveux. Renzo en particulier, lui qui était plutôt timide, qui savait qu'il devrait saluer le public depuis sa loge dans le théâtre. Le programme a commencé. Nous avons été choqués en entendant le public huer l'un des films, puis davantage encore lorsqu'un avion en papier a été lancé sur l'écran, son ombre volant devant le film : dans *Pica Don*, notre documentaire d'animation sur la bombe A à Hiroshima, nous avions utilisé des avions en papier dans plusieurs scènes, comme un élément expressif important. Après plusieurs projections, notre film a enfin commencé. J'espérais juste que le public le regarderait jusqu'au bout en silence. Quand on regarde le film de quelqu'un d'autre, on ne remarque que ses aspects positifs, mais quand il s'agit du sien, on ne voit que ce qu'on aimerait changer. J'étais heureuse de l'attention du public, on aurait pu entendre les mouches voler. Mais j'étais aussi très tendue, j'avais terriblement soif et je pouvais à peine respirer. Dix minutes plus tard, le film s'est terminé

Dans un premier temps, personne n'a applaudi. Puis quelques personnes ont commencé et, très vite, des applaudissements nourris ont résonné dans le théâtre. J'étais aussi soulagée qu'un disciple qui atteint enfin la sagesse spirituelle. En levant les yeux vers la loge de Renzo, je l'ai vu debout, l'air timide, mais avec un sourire radieux. Beaucoup de gens nous ont félicités à la sortie du théâtre. Ce soir-là nous ne nous sommes pas enfuis, nous avons marché tranquillement jusqu'à un restaurant, où nous avons levé nos verres avec joie à cette soirée. Nous étions enthousiastes et nous ne pouvions cesser de parler.

Le lendemain, heureux d'avoir franchi ce premier obstacle, nous nous sommes rendus à la conférence de presse où l'on nous a demandé si notre film n'était pas exagérément expressif, ce qui nous a surpris. Renzo a expliqué qu'il avait fait ce film parce qu'il voulait rendre concrètes les horreurs provoquées par une bombe A, qui sont en réalité si terribles et si tragiques, bien plus que dans le film, que l'on ne peut pas les exprimer. Nous étions allés sur les lieux de nombreuses fois, souvent pour plusieurs mois, pour ressentir l'atmosphère locale, connaître l'environnement ; nous avons lu des livres et des documents et interviewé un grand nombre de personnes. Nous avions la responsabilité de rassembler le plus de faits possible avant de montrer notre film au public.
Pour *Pica Don*, nous avons fait des recherches à Hiroshima pendant plusieurs jours, au début du mois d'août. Nous avons vécu son été très chaud et humide, la forte lumière du soleil matinal, le chant assourdissant des cigales, les fleurs magnifiques et les reflets dans l'eau des rivières. Toutes ces informations étaient essentielles, à la fois pour confirmer les écrits des survivants de la bombe A, et pour rendre notre travail plus réaliste. Nous adorons l'animation de création, et nous aimons produire des séquences drôles, surréalistes et artistiques à vocation commerciale, grâce auxquelles nous gagnons notre vie. Et à côté de cela, nous réalisons de façon indépendante des documentaires d'animation, qui sont l'œuvre de notre vie.
Après la conférence de presse, nous avons eu le plaisir de discuter et d'échanger avec d'autres cinéastes à la terrasse ensoleillée d'un café, devant le bâtiment du festival. Nous avons eu le courage de demander à Raoul Servais et Ishu Patel d'échanger des copies de nos films et ils ont accepté généreusement. Raoul a gentiment échangé *Harpya*, grand prix à Cannes, contre notre *Made in Japan*, grand prix à New York, tandis qu'Ishu nous donnait son impressionnant *Bead Game* en échange de *Pica Don*.

Le dernier jour d'Annecy 79, le film d'Alison de Vere *M. Pascal* a remporté le Grand prix. Et notre film *Pica Don* a eu la chance de recevoir une mention spéciale du jury, qui n'est peut-être pas restée dans l'histoire du festival d'Annecy. Mais nous avons été enchantés qu'il soit choisi pour être projeté lors de la cérémonie de clôture et que l'un des participants nous dise qu'il deviendrait certainement un « classique ». Aujourd'hui, dans mon studio, nous exhibons toujours fièrement le diplôme d'Annecy 79.

Depuis cette époque, nous sommes amoureux du festival d'Annecy, auquel nous avons souvent participé, et grâce auquel nous sommes devenus amis avec des animateurs du monde entier.
Toute la communauté de l'animation est très reconnaissante à Annecy, et nous vous renouvelons notre profonde admiration.
Tous nos vœux pour votre 50e anniversaire.

The Real Thrill of Participating in the Annecy Festival

The real thrill of participating in a film festival comes when you are a competition film director.
In 1979, my late husband Renzo Kinoshita and I participated together in Annecy 79, with our film *Pica Don* in competition. It was my first visit to Annecy, while Renzo had already attended Annecy 77 with his previous work *Japonese* in competition. Since I had heard so much about his enjoyable experience in 1977, I boarded the train in Paris full of hope and expectation. When we arrived in Annecy I found an even more beautiful town than I had ever imagined before me. The clear water of the lake and the river refreshed us after our long trip from Tokyo, and I was overjoyed when the people of Annecy welcomed us with open arms. That year we stayed at the Splendid Hotel, just across the canal from the Festival venue. The former Festival hall, before the Bonlieu centre was built, was also a very attractive theatre with classical boxes. In the evening, local townspeople in evening dress gathered at the venue for the competition programme, as if they were going to a concert, and the tension of the competition directors could be felt in this pleasant atmosphere; the "world of animation for adults" in its true sense.

As one of the competition directors at Annecy 79, Renzo and I watched each competition film very intently and were stunned by the many great films by accomplished filmmakers, who were making full use of the diverse animation techniques with tremendous talent, *Harpya* by Raoul Servais, *Afterlife* by Ishu Patel, *Step by Step* by Faith Hubley, *Reflections* by Jerzy Kucia, *Mr Pascal* by Alison de Vere, along with films by Frederic Back, Jimmy Murakami, Nicole Dufour, Bernard Palacios, Gisèle

Ansorge, and other gifted directors from the National Film Board of Canada, Russia and Eastern European countries. After the competition programme, Renzo and I were so overwhelmed that we ran from the Festival hall like soccer players who had just lost a game because of an own goal, and took refuge in a restaurant. However, after toasting each other with a glass of fine wine we began talking about the films we had seen and were soon inspired by them and filled with happiness and appreciation.

On the day of our competition programme screening, we were nervous from the early morning. Renzo was especially so because he was quite a shy person and he also knew that as a competition director he would be introduced to the audience from the theatre box. When the programme began, we were shocked when the audience booed one of the films, and even more shocked when a paper plane was thrown at the screen and its black silhouette flew across the film, especially because in our film *Pica Don*, a documentary animation depicting the Hiroshima A-bomb, we had used paper planes in several scenes as an important element of expression. After several films, our film finally started. I just hoped that the audience would watch it quietly all the way through. When you watch someone else's film, you notice only the good points, but when you watch your own, you notice only those parts that you would like to do again. I was very grateful that the audience was so quiet that you could hear a pin drop, but I was also extremely tense, very thirsty and I could hardly breathe. 10 minutes later the film ended, but no one applauded straightaway. Then, a few people started to applaud and soon loud applause began to ring through the theatre. I felt as relieved as a disciple who has finally attained spiritual enlightenment. Of course, I looked up at the box and was pleased to see Renzo shyly standing there, but with a radiant smile on his face. Many people praised us as we left the theatre and that night, we did not run away, but walked comfortably to a restaurant and toasted each other happily. We were very excited and talked endlessly.

The next day, feeling very pleased to have overcome this first hurdle, we attended the press conference and were unexpectedly asked if we thought we had exaggerated the expression in our film. Renzo answered and explained that he had made this film because he really wanted to convey the horrors of an A-bomb, which in truth is even more terrible and tragic than in our film, and impossible to express. To make a documentary animation, we would usually spend a lot of time on research. We would visit the place over and over, often staying there for several months to feel the local colour and environment, read books and documents and interview many people. Since we bare responsibility for showing our film publicly, we have to collect as many facts as possible. In the case of *Pica Don*, we visited and researched Hiroshima for several days at the beginning of August. We experienced a very hot and humid summer with strong sunlight in the morning, the loud noise of the cicada, very beautiful flowers and water reflection of the rivers. All this information was essential to confirm the notes written by A-bomb survivors, and also to add reality to our expression. We love creative animation, and we enjoy making funny, surrealistic and artistic animation for the commercial field, which is where we make our living. And then, we independently make documentary animations as our lifework.
After the press conference, we enjoyed talking and exchanging information with other filmmak-

ers at a very sunny café in front of the Festival hall. Fearlessly, we asked Raoul Servais and Ishu Patel to exchange films, and they graciously accepted. Raoul kindly exchanged his Cannes Grand Prix film *Harpya* with our New York Grand Prix film *Made in Japan*, while Ishu exchanged his inspiring film *The Bead Game* with *Pica Don*.

On the final day of Annecy 79, Alison de Vere's film *Mr Pascal* won the Grand Prix. And, fortunately, our film *Pica Don* received a Special Mention from the jury, which, perhaps, was just a small prize that has not been written down in the history of the Annecy Festival. And, we were very pleased that it was chosen as one of the films screened at the closing ceremony, and that one of the participants told us that the film would surely become a "classic" in the future. Today, in my studio, we are still proudly showing off the certificate from Annecy 79.

Since then, we have fallen in love with the Annecy Festival, and have participated many more times making friends with animation people throughout the world.
The whole animation community is very grateful to Annecy, and we extend our deep admiration.
Congratulations on your 50th anniversary.

01

Quel film, quel auteur vous a marqué ou inspiré ?	*Which film, which filmmaker has impressed or inspired you?*
Fiodor Khitruk, Eduard Nazarov, Youri Norstein, Caroline Leaf et Mark Baker.	Fiodor Khitruk, Eduard Nazarov, Yuri Norstein, Caroline Leaf and Mark Baker.

Vous et le festival d'Annecy… Un souvenir, une anecdote, un souhait ?	*You and the Annecy Festival… Do you have a particular memory, anecdote or wish?*
Je souhaite au festival de demeurer jeune, téméraire, taquin, truffé de surprises agréables et de grandes découvertes.	My wishes for the festival are that it stays youthful, reckless, fun, and full of great surprises and discoveries.

Qu'est-ce qui vous a amené à l'animation ? Pourquoi l'animation : une vocation ?	*How did you get into animation? Why animation? Is it a vocation?*
Je me suis retrouvé dans l'animation presque par hasard. Après six ans d'études à l'Institut du cinéma, j'étais directeur artistique de films d'action et j'ai changé de profession. J'ai monté un film improvisé sur des rognures de papier d'affiche, et j'ai été emporté, je suis tombé amoureux. C'est ainsi que ça a commencé, et ça se poursuit depuis bien plus de vingt ans.	I found myself in animation almost by chance. After six years of study at the Cine-Art Institute, I was Art Director on action films and I changed profession. I made an improvised film with poster clippings, and I was carried away, I fell in love. This was how it started and it's been going on for over twenty years now.

MIKHAIL ALDASHIN

RUSSIE / RUSSIA

Mikhail Aldashin est né en 1958 en Russie. Élève du cinéaste Youri Norstein, il réalise ses premiers films pendant ses études aux beaux-arts de Moscou, puis entre au studio d'animation moscovite Pilot. Dans les années 1990, il travaille comme producteur, réalisateur et scénariste, entre autres pour les sociétés Teko, Mishka et Cartoon Network. Le dessin est sa technique privilégiée.

Mikhail Aldashin was born in Russia in 1958. Studying under film director Yuri Norstein, he made his first films while still an art student, before joining the Pilot studio is Moscow. During the 90s, he worked as a producer, director and screenwriter for such companies as Teko, Mishka and Cartoon Network. He has a particular preference for drawn animation.

FESTIVAL D'ANNECY

Mikhail Aldashin obtient une mention spéciale en 1995 pour son film *L'Autre côté*, et reçoit le prix du public pour *Bukashki*, en 2002. Il est membre du jury en 2003.

Mikhail Aldashin received a Special Distinction for his film *Drugaya Storona* in 1995, and was rewarded the Audience Award for *Bukashki*, in 2002. He was a jury member at Annecy 2003.

FILMS

Le Chasseur / The Hunter (1991)
La Nativité / The Nativity (1996)
Bookashky / Bookashkis (2002)

02

Quel film, quel auteur vous a marqué ou inspiré ?	*Which film, which filmmaker has impressed or inspired you?*
Michelangelo Antonioni, Youri Norstein, Alexander Tatarsky, Igor Kovalev, Mirjam Baker, Leonid Gaiday et de nombreux autres.	Michelangelo Antonioni, Yuri Norstein, Alexander Tatarsky, Igor Kovalev, Mirjam Baker, Leonid Gaiday and many others.

Qu'est-ce qui vous a amené à l'animation ? Pourquoi l'animation : une vocation ?	*How did you get into animation? Why animation? Is it a vocation?*
Je suis entré dans l'animation par hasard, mais je n'ai jamais eu à le regretter. L'animation est un art qui contient tous les autres. C'est l'art le plus libre : il ne dépend que de l'imagination. Un cinéaste d'animation peut faire un film tout seul. Mais les vacances sont rares : c'est seulement à l'occasion des grands festivals comme Annecy !	I got into animation by chance, but I've never regretted it. Animation is an art that contains all the others. It's the freest of all the arts: all it needs is imagination. An animation film director can make a film alone. But holidays are rare: they only happen at big festivals like Annecy!

Vous et le festival d'Annecy… Un souvenir, une anecdote, un souhait ?	*You and the Annecy Festival… Do you have a particular memory, anecdote or wish?*
Annecy est à coup sûr le meilleur festival d'animation. Je ne peux pas dire mieux : *I love Annecy* ! Toujours de grands films, les gens sont chaleureux, l'ambiance excellente. Du coup, pas facile de sélectionner une seule anecdote parmi tous ces souvenirs…	Annecy is certainly the best animation festival. I can't say better than *I love Annecy*! Always great films, warm people, an excellent atmosphere… It's difficult to choose just one anecdote amongst all these memories.

ALEXEEV

RUSSIE / RUSSIA

Alexey Alexeev est né en Russie en 1965. Après une formation en animation, il travaille de 1996 à 2003 au studio Varga, à Budapest, sur de nombreuses séries et pilotes télévisés, puis entre au studio Baestarts en 2004. Parallèlement, il scénarise, monte et réalise ses propres courts-métrages, animation de dessins assistée par ordinateur.
Alexey Alexeev was born in Russia in 1965. After studies in animation, he worked at the Varga studio in Budapest from 1996 to 2003, on a number of series and pilots for television then joined the Baestarts studio in 2004. At the same time he wrote, produced and directed his own CGI shorts.

FESTIVAL D'ANNECY

Alexey Alexeev obtient le prix Sacem de la musique originale en 2008 pour *KJFG N° 5*. En 2009, il reçoit le Cristal pour une production TV pour *Log Jam* «The Log», «The Rain», «The Moon», «The Snake». Il fait partie du comité de sélection pour les courts-métrages en 2009.
Alexey Alexeev received the Sacem prize for original music at Annecy 2008, for *KJFG N° 5*. In 2009, he was awarded the Cristal for best TV production for *Log Jam "The Log", "The Rain", "The Moon", "The Snake"*. He was a member of the selection committee for short films in 2009.

FILMS

KJFG N° 5 (2007)
Log Jam (série / series)
Pole Hole (2007)

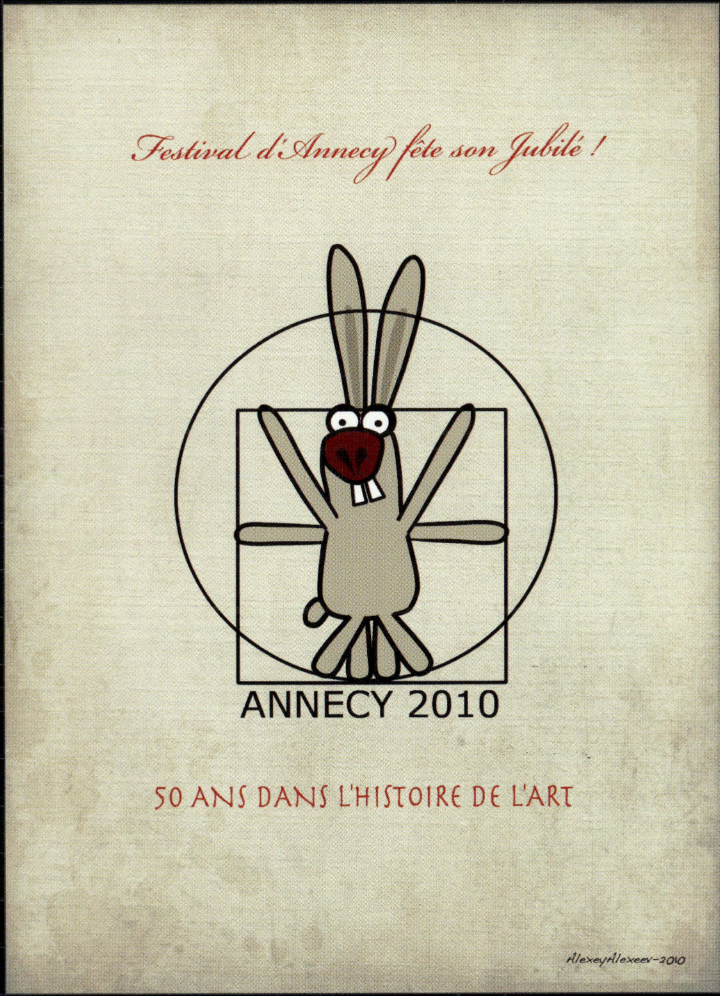

KJFG N° 5

03

Vous et le festival d'Annecy… Un souvenir, une anecdote, un souhait ?	*You and the Annecy Festival… Do you have a particular memory, anecdote or wish?*
Festival d'Annecy 1960. Notre premier film de marionnettes animées, *Le Pont du diable,* déclenche rires et sifflets du public… Rencontre salutaire.	Annecy 1960, our first puppet film, *The Legend of Devil's Bridge* that triggered both laughter and whistles from the audience… then taking a bow.

Qu'est-ce qui vous a amené à l'animation ? Pourquoi l'animation : une vocation ?	*How did you get into animation? Why animation? Is it a vocation?*
Dans les années 1950, la découverte de films d'animation de marionnettes tchèques.	When I discovered Czech puppet animation in the 50s.

Quel film, quel auteur vous a marqué ou inspiré ?	*Which film, which filmmaker has impressed or inspired you?*
Enthousiasme pour la réalisation de films d'animation de marionnettes de Jiří Trnka, Tchécoslovaquie.	Enthusiasm for the puppet films made by Czech filmmaker Jiří Trnka.

NAG ANSORGE

SUISSE / SWITZERLAND

Nag Ansorge est né en 1925 en Suisse. Quelques années après l'obtention de son diplôme d'ingénieur mécanicien de l'École polytechnique universitaire de Lausanne, il abandonne son métier d'origine et crée son studio de cinéma, Nag Film. En collaboration avec son épouse, Gisèle Ansorge, il réalise des films dès 1958, animations de marionnettes, de papiers découpés, et surtout de sable. Engagé dans la réalisation et la promotion de divers films, il supervise, notamment de 1962 à 1981, des ateliers cinéma auprès de patients de l'hôpital psychiatrique de Cery à Lausanne.

Nag Ansorge was born in Switzerland in 1925. A few years after graduating in mechanical engineering from the Lausanne Polytechnic, he gave up his first job to create his own studio, Nag Film. Working with his wife, Gisèle, he started making puppet, cut-out and especially sand animations from 1958. He was involved in the promotion of the cinema with a number of committees, and later supervised film workshops for patients in the psychiatric hospital of Cery in Lausanne from 1962 to 1981.

FESTIVAL D'ANNECY

Nag Ansorge fait partie du jury en 1973 et 1995.

Nag Ansorge was a jury member in 1973 and 1995.

FILMS

Smile 1, 2, 3 (1975)
Anima (1978)
Le Petit Garçon qui vola la lune /
The Little Boy Who Has Stolen the Moon (1988)

ANNECY 2010

Depuis un demi siècle POINT DE RENCONTRE
Incontournable de l'IMAGE PAR IMAGE !
avec reconnaissance et enthousiasme !
Nag Ansorge

04

Quel film, quel auteur vous a marqué ou inspiré ?	*Which film, which filmmaker has impressed or inspired you?*
Fantasia, de Walt Disney.	*Fantasia* by Walt Disney.

Qu'est-ce qui vous a amené à l'animation ? Pourquoi l'animation : une vocation ?	*How did you get into animation? Why animation? Is it a vocation?*
Le dessin est ma passion de toujours ; le dessin animé m'a permis de toucher à l'essentiel et de contribuer à sensibiliser des générations entières au caractère précieux et sacré de la planète.	Drawing has always been my passion. Animation has allowed me to touch on the essentials and help teach whole generations that the planet is precious and sacred.

Vous et le festival d'Annecy… Un souvenir, une anecdote, un souhait ?	*You and the Annecy Festival… Do you have a particular memory, anecdote or wish?*
Tous mes films acceptés à Annecy, quel privilège ! L'accueil unanime fait à *L'Homme qui plantait des arbres* : une émotion inoubliable ! Une surprise totale pour *Le Fleuve aux grandes eaux* ! Bravo et merci Annecy, noyau d'une confrérie internationale qui n'a cessé depuis cinquante ans d'être le tremplin privilégié des inventions de l'art image par image.	The unanimous reception *The Man who Planted Trees* received, which was an unforgettable emotion! The complete surprise for *The Mighty River*! Well done and thanks Annecy, the nucleus of an international brotherhood that has been the privileged springboard for frame by frame creativity for the past fifty years.

FRÉDÉRIC BACK

CANADA / CANADA

Frédéric Back est né en 1924 à Sarrebruck, a vécu à Strasbourg et à Paris. Après une formation à l'école des beaux-arts de Rennes, il émigre au Québec en 1948. Il enseigne d'abord à l'École du meuble et à l'école des beaux-arts de Montréal, puis est embauché en 1952 par Radio-Canada comme illustrateur, maquettiste et créateur de décors. Il intègre le service d'animation de la station en 1968 et, jusqu'en 1993, y réalise plusieurs courts-métrages et présentations spéciales de programmes. Artiste engagé dans la cause de l'environnement, il continue de dessiner.

Frédéric Back was born in Sarrebrücken in 1924, and lived in France for the early part of his life. After studying at the École des beaux-arts in Rennes, he emigrated to Quebec in 1948. He taught in the École des beaux-arts and the École du meuble in Montreal before joining the graphics department at Radio-Canada in 1952. He moved to the animation department in 1968 and made numerous short films and special presentations for programmes till 1993. He is a committed artist and activist for the environment.

FESTIVAL D'ANNECY

Frédéric Back reçoit le prix spécial du jury en 1991 pour *Crac !* ; le Grand prix, le prix du public et le prix Canal+ avec *L'Homme qui plantait des arbres*, en 1987. Pour *Le Fleuve aux grandes eaux*, il obtient le Grand prix en 1993.

Frédéric Back received the special jury prize for *Crac* in 1991; the Grand prix, the Audience Award and the Canal+ prize for *The Man who Planted Trees*, in 1987 and a second short film Grand prix in 1993 for *The Mighty River*.

FILMS

Crac ! (1981)
L'Homme qui plantait des arbres /
The Man Who Planted Trees (1987)
Le Fleuve aux grandes eaux /
The Mighty River (1993)

L'HOMME QUI PLANTAIT DES ARBRES

Yougoslavie
N. Majdak
Suède
France
B. Palacios
France
Nicole Dufour
Giraldeau
Giraldeau

05

Qu'est-ce qui vous a amené à l'animation ? Pourquoi l'animation : une vocation ?	*How did you get into animation? Why animation? Is it a vocation?*
Je suis né en 1941, pendant la Seconde Guerre mondiale. À cette époque, il n'y avait pas de jeux pour les enfants, mais nous avions quand même envie de jouer. J'ai commencé à jouer une fois devenu adulte. Et depuis je ne peux plus m'arrêter.	I was born in 1941 during the Second World War. At that time there were no games for children, but we wanted to play games. Once I was grown up I began to play. And now I can't stop.

Quel film, quel auteur vous a marqué ou inspiré ?	*Which film, which filmmaker has impressed or inspired you?*
Walt Disney.	Walt Disney.

Vous et le festival d'Annecy… Un souvenir, une anecdote, un souhait ?	*You and the Annecy Festival… Do you have a particular memory, anecdote or wish?*
Je n'oublierai jamais le triomphe de mon film *Le Loup gris et le Petit Chaperon rouge*. Je suis très reconnaissant au festival d'Annecy et je lui souhaite de continuer à être aussi ouvert à des expressions variées, à la fois dans les idées et dans les formes.	I will never forget the triumph of my film *The Grey Wolf and Little Red Riding Hood*. I'm very grateful to the Annecy Festival and my wish is that it continues to be diverse, not only in ideas but also in forms.

BARDINE

RUSSIE / RUSSIA

Garri Bardine est né en Russie en 1941. D'abord acteur au Théâtre dramatique de Moscou, puis metteur en scène au Théâtre national de marionnettes, c'est en 1975 qu'il fait ses débuts en animation, au studio Soyuzmultfilm. Artiste sculpteur, il est entre autres reconnu pour ses personnages en pâte à modeler. En 1991, il fonde avec quelques proches collaborateurs le studio Stayer, pour lequel il travaille toujours.

Garri Bardine was born in Russia in 1941. He started out as an actor at the Moscow Drama Theatre, followed on as director at the national puppet theatre then made his debut in animation at the Soyuzmultfilm studio in 1975. He is an accomplished sculptor and is particularly recognised for his characters sculpted in clay. In 1991, he and some close colleagues founded the Stayer studio, where he still works today.

FESTIVAL D'ANNECY

Garri Bardine obtient le prix jeunesse et sport, le prix du public et le Grand prix du court-métrage en 1991 pour *Le Loup gris et le Petit Chaperon rouge*. Il reçoit une mention spéciale pour *Le Chat botté* en 1997. Il fait partie du jury en 1993.

Garri Bardine received the youth and sport prize, the Audience Award and the short film Grand prix for *The Grey Wolf and Little Red Riding Hood* at Annecy in 1991, and was awarded a Special Distinction for *Puss in Boots* in 1997. He was a jury member at Annecy 1993.

FILMS

La Boxe / Break! (1985)
Le Loup gris et le Petit Chaperon rouge / The Grey Wolf and Little Red Riding Hood (1990)
La Nounou / Choo-choo (1998)

06

Quel film, quel auteur vous a marqué ou inspiré ?

Le film d'animation qui m'a le plus impressionnée, c'est *Père et Fille* de Michael Dudok de Wit. J'admire autant le scénario, si universel, profond et simple à la fois, que les dessins.

Which film, which filmmaker has impressed or inspired you?

The animated film that has impressed me the most is *Father and Daughter* by Michael Dudok de Wit. I admire both its deep and simple universal screenplay and its drawings.

Qu'est-ce qui vous a amené à l'animation ? Pourquoi l'animation : une vocation ?

Je suis venue à l'animation absolument par hasard. Après le coup d'État de Pinochet, je me suis installée à Dresde et suis entrée au Defa Trickfilm Studio. J'ai appris la technique du papier découpé et à animer des poupées. Lorsque je suis revenue au Chili, j'étais la seule à savoir faire des films en *stop motion*.

How did you get into animation? Why animation? Is it a vocation?

I got into animation completely by chance. After Pinochet's coup d'etat, I moved to Dresden and learned how to animate puppets and the cut-out technique at the Defa Trickfilm Studio there. When I went back to Chile later, I was the only one who knew how to make *stop motion* films.

Vous et le festival d'Annecy… Un souvenir, une anecdote, un souhait ?

La première fois que je suis venue au festival d'Annecy, c'était avant 1980, je commençais mon apprentissage. Ça a été pour moi une incroyable découverte : ce festival de petite taille, qui se déroulait dans le casino à côté du lac, et où une centaine de jeunes animateurs du monde entier se donnaient rendez-vous assis sur la pelouse…

You and the Annecy Festival… Do you have a particular memory, anecdote or wish?

The first time I came to the Annecy Festival was in 1980; I was just beginning my training. It was an incredible discovery: this little festival that took place in the casino by the lake, and where a hundred or so young animators from all over the world met up sitting on the grass…

VIVIENNE BARRY

CHILI / CHILE

Vivienne Barry, diplômée de l'université du Chili, débute par la littérature et le journalisme. Après un séjour de six ans en Allemagne, où elle étudie au Defa Trickfilm Studio à Dresde, elle se tourne vers le cinéma d'animation. De retour au Chili, elle crée sa maison de production, Artemia Films. Elle réalise de nombreuses animations pour des films publicitaires, des séries télévisées pour les enfants ainsi que six courts-métrages. Parallèlement, elle supervise une émission dédiée au cinéma d'animation, matière qu'elle enseigne dans des universités chiliennes et latino-américaines.

Vivienne Barry graduated from the University of Chile and started out working in literature and journalism. After six years in Germany, where she studied at the Defa Trickfilm Studio in Dresden, she directed her career towards animation. Back in Chile, she created her own production company, Artemia Films, and has made several animated commercials, TV series for children and four short films to date. At the same time, she supervises a TV show dedicated to animation as well as teaching the subject at universities in Chile and other Latin American countries.

FESTIVAL D'ANNECY

Vivienne Barry fait partie du comité de sélection

TATA COLORES

ENE TENE TU

07

Quel film, quel auteur vous a marqué ou inspiré ?	*Which film, which filmmaker has impressed or inspired you?*
Norman McLaren pour l'originalité, Dusan Vukotic pour l'ironie, John Hubley pour la poésie et Walt Disney pour le divertissement.	Norman McLaren for the originality, Dusan Vukotic for the irony, John Hubley for the poetry and Walt Disney for the entertainment.

Vous et le festival d'Annecy… Un souvenir, une anecdote, un souhait ?	*You and the Annecy Festival… Do you have a particular memory, anecdote or wish?*
Annecy a été très important pour moi. Le festival m'a fait découvrir le monde de l'animation et a fait connaître mon travail au monde de l'animation. Je souhaite qu'il joue le même rôle pour tous les autres auteurs.	Annecy was very important to me because it introduced me to the animation world, and had my works introduced to the animation world too. My wish is that it will do the same for all creators!

Qu'est-ce qui vous a amené à l'animation ? Pourquoi l'animation : une vocation ?	*How did you get into animation? Why animation? Is it a vocation?*
J'adorais inventer des histoires et les raconter. De plus, je trouvais qu'il était plus facile de faire de l'animation que du cinéma en prises de vues réelles. Et dessiner était vraiment un grand plaisir pour moi.	I loved to create stories and I enjoyed telling them. Besides, I found animation to be easier than live-action and drawing was a lot of fun.

BRUNO BOZZETTO

ITALIE / ITALY

Bruno Bozzetto est né en Italie en 1938. Après la réalisation d'un premier court-métrage à l'âge de vingt ans, il fonde sa propre société, Bruno Bozzetto Film Company. Dans les années 1960 et 1980, il réalise trois longs-métrages. Outre la réalisation de nombreux films de vulgarisation scientifique et autres séries, il s'intéresse de près aux nouvelles technologies et à l'animation en 2D et 3D. Il conçoit son premier court-métrage pour le Web en 1999.

Bruno Bozzetto was born in Italy in 1938. After making his first short film at the age of twenty, he founded his own studio, the Bruno Bozzetto Film Company. He made three feature films during the 60s and 80s. He also used animation to explain scientific theories and became interested in new technologies and 2D and 3D animation. He created a first short film for the Internet in 1999.

FESTIVAL D'ANNECY

Bruno Bozzetto obtient le prix de la critique internationale en 1962 pour *Alpha Omega*, et le prix du film pour la jeunesse avec *Opera* en 1973. Il est membre du jury en 1971 et en 1993.

Bruno Bozzetto won the international critic's prize for *Alpha Omega* in 1962 and the youth film prize for *Opera* in 1973. He was a jury member at Annecy 1971 and 1993.

FILMS

Monsieur Rossi s'achète une automobile /
Mister Rossi Buys a Car (1966)
Opera (1973)

08

Quel film, quel auteur vous a marqué ou inspiré ?

Il n'y aurait pas assez de place dans ce livre pour répondre à cette question et énumérer tous les grands films et cinéastes qui m'ont influencé ! Je pense que toutes les œuvres de talent inspirent les autres artistes. Comment pourrait-il en être autrement ?

Which film, which filmmaker has impressed or inspired you?

There is not enough space in this book to answer this question and list all the great films and filmmakers that have inspired me! I think all talented work should inspire other artists. How could it be any other way?

Vous et le festival d'Annecy… Un souvenir, une anecdote, un souhait ?

J'habite à Saint-Pétersbourg. C'est une ville magnifique, mais beaucoup trop pluvieuse, grise et nuageuse à mon goût. J'adore le soleil, et quand je suis venu à Annecy pour la première fois en 1995, j'ai pensé : « Génial, je vais me chauffer au soleil de France pendant toute une semaine ! » Eh bien, cette année-là, à Annecy, il a plu tous les jours. Ha ha ! Mais le festival était formidable et je suis tombé amoureux de la ville pour toujours ! Merci !

You and the Annecy Festival… Do you have a particular memory, anecdote or wish?

I live in St. Petersburg. It's a beautiful city but it's too rainy, grey and cloudy for me. I love the sun and when I went to Annecy for the first time in 1995 I thought: "Great! I will warm myself in the French sun for a whole week!" Well, that year in Annecy it rained every single day. Ha-ha! But the Festival was great and I fell in love with the place forever! Thank you!

Qu'est-ce qui vous a amené à l'animation ? Pourquoi l'animation : une vocation ?

L'animation est bien plus qu'une vocation pour moi. C'est quelque chose comme une maladie dormante, un furoncle prêt à éclater. Cela m'est arrivé quand j'avais neuf ans : un garçon m'a montré un *flipbook*. Il me l'a montré, et il est aussitôt allé jouer au football. Mais moi, j'étais tombé amoureux de l'animation, pour toujours... Je pense que ça devait m'arriver un jour ou l'autre, de toute façon !

How did you get into animation? Why animation? Is it a vocation?

It's more than just a vocation for me. It's like a latent illness or a boil that is just waiting to burst. For me, this moment happened when I was 9 years old: a boy showed me the flipbook trick. He showed me and then ran off to play football but I had fallen in love with animation forever…I think it would have happened to me one day anyway!

KONSTANTIN BRONZIT

RUSSIE / RUSSIA

Konstantin Bronzit est né en 1965 en Russie. Après des études aux beaux-arts de Saint-Pétersbourg, il réalise son premier film en 1988. Animateur travaillant principalement avec le dessin, il œuvre comme scénariste et réalisateur au studio Pilot de Moscou de 1993 à 1995. Depuis 1999, il est directeur artistique au studio d'animation Melnitsa.

Konstantin Bronzit was born in Russia in 1965. After studies in Fine Art, he made his first film in 1988. Using drawing as his main animation technique, he worked as scriptwriter and director at the Pilot studio in Moscow from 1993 to 1995. He has been Art Director of the animation studio Melnitsa since 1999.

FESTIVAL D'ANNECY

Konstantin Bronzit connaît les honneurs à Annecy : en 1995 avec *Switchcraft*, Grand prix du court-métrage ; en 1997, *Die Hard* lui vaut le Grand prix, catégorie « films de commande et de télévision » ; en 1999, il obtient le prix du public, le prix spécial du jury et le prix Mike-Gribble pour *Au bout du monde*.

Konstantin Bronzit's work has been rewarded at Annecy, firstly with the short film Grand prix for *Switchcraft* in 1995. He won the Grand prix in the TV and commissioned film category with *Die Hard* in 1997, and walked away with the Audience Award, the special jury prize and the Mike-Gribble prize for *At the End of the Earth* in 1999.

FILMS

Switchcraft (1994)
Au bout du monde / At the End of the Earth (1998)
The Legend of Alesha Popovitch (2004)

SVITCHKRAFT

SVITCHKRAFT

09

Quel film, quel auteur vous a marqué ou inspiré ?	Which film, which filmmaker has impressed or inspired you?
La liste serait longue mais je voudrais citer deux noms : Švankmajer et Norstein. Le premier pour son inventivité sans limites et son univers visuel, et le second car c'est un maître dont le travail extrêmement élaboré est chargé d'âme.	The list would be long, but I would like to mention two names: Švankmajer and Norstein. The first because of his inventiveness without barriers and world of images and the second because of being the master of planned things and soul.

Vous et le festival d'Annecy… Un souvenir, une anecdote, un souhait ?	You and the Annecy Festival… Do you have a particular memory, anecdote or wish?
Le festival d'Annecy est très important pour moi. Quand j'étais jeune, c'est le premier grand festival où je suis allé pour présenter un film : j'animais une sculpture et j'ai remporté mon premier prix sérieux, le prix Fipresci. Il est important de mentionner que mon film *Ad astra* (1982) ne plaisait pas du tout au régime en Hongrie, qui faisait alors partie du bloc de l'Est. Grâce aux dirigeants du studio, il a pu être envoyé au festival, il a été sélectionné et a reçu un prix ! Il en a été de même pour mon premier film d'animation de sable, *Ab ovo*, cinq ans plus tard. À l'époque, les jeunes réalisateurs hongrois étaient particulièrement motivés, car il était difficile de voyager à l'Ouest. Mais si une œuvre était choisie pour un festival, son auteur pouvait en général y aller aussi. Pendant plus de dix ans, les réalisateurs du bloc de l'Est ont donc fait de leur mieux pour produire des films exceptionnels, pour pouvoir aller dans des festivals à l'étranger et gagner des prix. Mais c'était un travail difficile.	Annecy means a lot to me. When I was young, it was my first big festival, where I presented my sculpture animation and got my first really serious award, the Fipresci Prize. It is interesting to mention that my film *Ad astra* (1982) was not liked at all by the ruling regime in Hungary, being at that time in the Eastern Bloc. Thanks to the studio management, it was sent to the Festival, was selected and won an award! As well as my first sand animation film *Ab ovo*, five years later. Young directors at that time in Hungary were particularly motivated as it was difficult to travel to the west, but if a director's work was chosen to be sent to a festival, he or she was usually able to go to the festival. So, directors from the Eastern Block for more than ten years would make a great effort to produce something special in order to visit festivals in other countries and win awards. However, it was hard work.

Qu'est-ce qui vous a amené à l'animation ? Pourquoi l'animation : une vocation ?	How did you get into animation? Why animation? Is it a vocation?
À l'âge de treize ans, j'ai rencontré Otto Foky, un réalisateur de films d'animation de marionnettes, et ancien étudiant de Trnka. Ses personnages modernes et bien conçus m'ont inspiré, et ses nombreux dessins animés, dans des styles différents et innovants, m'ont donné envie de rejoindre le monde de l'animation. J'ai toujours fabriqué des marionnettes et j'ai beaucoup fréquenté le studio de films de marionnettes de Budapest. C'est un monde fantastique. À la fin de mes études d'arts plastiques à l'université, en 1973, j'ai remporté le premier prix pour *Petőfi* (peinture animée) et un autre en 1974 pour *Okulária* (animation d'objets), qui étaient tous les deux des travaux amateur. Puis on m'a proposé d'entrer au studio de cinéma Pannónia, où j'ai travaillé pendant dix-neuf ans en tant qu'animateur, réalisateur et scénariste. Après cela, j'ai fondé mon propre studio, où je travaille encore. Quand j'étais adolescent, dans les années soixante, j'allais souvent au cinéma avec mes amis. J'adorais regarder des films de marionnettes et des dessins animés. Je voulais devenir graphiste, et quand j'ai eu mon diplôme, j'ai commencé à travailler dans ce domaine. Mais j'étais influencé par les films d'animation, dans lesquels je voyais l'union de différentes formes artistiques. Les personnages bougeaient et parlaient au rythme de la musique et du son. J'ai toujours aimé ce monde abstrait. Une particularité de l'animation est qu'on peut raconter de grandes histoires de façon concentrée. Les associations et les transformations d'images – que j'aime beaucoup utiliser dans mes films en animation de sable – ouvrent des possibilités infinies de formes artistiques. Mes films proposent au public des associations d'idées particulières. L'animation est passionnante et merveilleuse si l'artiste a quelque chose à dire et trouve la meilleure façon de représenter ces idées visuellement. Le plus grand cinéaste d'animation restera éternellement un *Homo Ludens* (un homme qui joue). Ce que je fais n'est pas du travail, mais du plaisir, si je suis inspiré.	When I was 13, I met Otto Foky, who was a puppet animation director, and former student of Trnka. His modern, interesting and well planned figures inspired me and the many, different-styled, new generation cartoons made me want to join the world of animation. I was always making puppets and went to the Budapest Puppet Film Studio many times. It was a fantastic world. At the end of my studies at the College for Visual Arts, in 1973, I won the first award for *Petőfi* (painting animation) and another one in 1974 for *Okulária* (object animation), which were both amateur works. Then I was invited to work for the Pannónia Film Studio, where I stayed for 19 years, animating, directing and writing scripts. After that I started my own studio, where I am still working. In the sixties, when I was a teenager, I often went to the cinema with my friends. I loved to watch puppet films and cartoons there. I wanted to be a graphic artist, and I started working in the profession after getting my degree. However, I got influenced by animation films, in which I saw the combination of different art forms. The figures moved and talked in time with music and sound. I have always liked this abstract world. You can express great stories in a condensed form which is only possible in animation. The associations and image transformations – which I very much like to apply to my sand animation films – open up endless opportunities in art forms. My films give audiences special associations of ideas. It is really an exciting and wonderful vocation, if the artist has something to say and presents these ideas in the best visual way possible. The greatest animation filmmaker will eternally remain Homo Ludens (*Man the Player*). What I do is not work, but pleasure, if it inspires me.

FERENC CAKÓ

HONGRIE / HUNGARY

Ferenc Cakó est né en 1950 en Hongrie. Il réalise ses premiers films d'animation alors qu'il est étudiant au College for Creative Arts de Budapest, puis œuvre au sein du studio Pannónia Film en tant qu'animateur, designer et réalisateur de 1973 à 1991, privilégiant l'animation de sable, de pâte de modeler, d'objets, de marionnettes et d'éléments découpés. Parallèlement à sa carrière de cinéaste, il illustre des livres pour enfants, propose des ateliers et des démonstrations de sa technique personnelle d'animation de sable.

Ferenc Cakó was born in Hungary in 1950. He made his first animated films while still studying Creative Arts then worked at the Pannónia Film studio as animator, designer and director from 1973 to 1991, working particularly with sand, clay, objects, puppets and cut-outs. Alongside his film career, he illustrates children's books and presents workshops and demonstrations of his personal technique of sand animation.

FESTIVAL D'ANNECY

Ferenc Cakó reçoit le prix de la critique internationale en 1983 pour *Ad astra* et le prix du court-métrage en 1989 pour *Ab ovo*.

Ferenc Cakó received the international critic's award at Annecy 1983 for *Ad astra* and the short film award in 1989 for *Ab ovo*.

FILMS

Ad astra (1982)
Ab ovo (1987)
Cendres / Ashes (1993)

10

Quel film, quel auteur vous a marqué ou inspiré ?	*Which film, which filmmaker has impressed or inspired you?*
D'une part, j'ai toujours aimé la façon dont les enfants s'expriment et j'en ai beaucoup appris. D'autre part, j'ai été marqué par les auteurs spécialistes de l'imaginaire que sont Tim Burton et Terry Gilliam, pour n'en citer que deux.	On one hand, I've always liked the way kids express themselves and I've learned a lot from them. Otherwise, I've been influenced by great imaginary writers like Tim Burton and Terry Gilliam, to name but two.

Vous et le festival d'Annecy… Un souvenir, une anecdote, un souhait ?	*You and the Annecy Festival… Do you have a particular memory, anecdote or wish?*
Trop de souvenirs… À partir de 1980, j'ai participé en tant que professionnel à presque toutes les éditions. La seule fois que je n'ai pas pu venir, en 2001, est aussi la première fois que j'ai gagné un Cristal, avec la bande-annonce de *Pinocchio* !	Too many souvenirs… I've taken part as a professional in most of the festivals from 1980. The only time I couldn't make it was in 2001, and that was the first time I won a Cristal for the credit sequence of *Pinocchio*!

Qu'est-ce qui vous a amené à l'animation ? Pourquoi l'animation : une vocation ?	*How did you get into animation? Why animation? Is it a vocation?*
Je suis arrivé à l'animation parce que je ne voulais pas faire mon service militaire... Eh oui, en 1979, quand j'ai reçu mon ordre d'incorporation, j'ai refusé de manier les armes. Ils ont finalement accepté (pas tout de suite, croyez-moi...) que je fasse mon service civil au sein d'une structure où l'on faisait du cinéma d'animation avec les enfants : mon premier travail fut un stage de quinze jours. Le professeur était... Lotte Reiniger !	I got into animation because I didn't want to do my military service… Oh yes, in 1979, when I received my papers, I refused to handle arms. They finally accepted (but not straightaway, believe me…) that I carry out the service in a structure that was doing animation with children: my first job was a two-week workshop. The teacher was… Lotte Reiniger!

ENZO D'ALO

ITALIE / ITALY

Né en Italie en 1953, Enzo d'Alò est scénariste, réalisateur et musicien. Dès les années 1980, il travaille à la réalisation de fictions, de films d'animation et de séries télévisées, entre autres pour les enfants. Il signe son premier long-métrage en 1996, avec des musiques de Paolo Conte ; suivront quatre autres longs-métrages, tous largement distribués à l'international.

Enzo d'Alò was born in Italy in 1953. This scriptwriter, film director and musician started his career in the 80s working on dramas, animated films and TV series, often for a young audience. He made his first feature in 1996, with music by Paolo Conte. Four more international features have since followed.

FESTIVAL D'ANNECY

Enzo d'Alò obtient le prix pour un pilote de série ou de spécial TV en 2001 pour *Pinocchio*. Il fait partie du jury en 2006.

Enzo d'Alò was awarded the prize for a TV series or special pilot for *Pinocchio* in 2001 and was a member of the jury in 2006.

FILMS

La Mouette et le Chat / Lucky and Zorba (1998)
Opopomoz (2003)
Pipí, Pupú e Rosmarina (Série TV) /
Pipí, Pupú & Rosmary

MOMO ALLA CONQUISTA DEL TEMPO

PIPÌ, PUPÙ E ROSMARINA

LA FRECCIA AZZURRA

OPOPOMOZ

Vous et le festival d'Annecy… Un souvenir, une anecdote, un souhait ?

La *rave party* dans la boue en 1998, les restos, les soirées, les cocktails de sociétés, les orgies au Mifa, et… euh… C'est un festival de quoi, déjà, Annecy ?

You and the Annecy Festival… Do you have a particular memory, anecdote or wish?

The rave party in the mud in 1998, the restaurants, the parties, the company cocktail receptions, the orgies at Mifa, and… er… Annecy's a festival of what exactly?

Qu'est-ce qui vous a amené à l'animation ? Pourquoi l'animation : une vocation ?

Un jour, j'ai vu un type qui roulait en Ferrari avec un mannequin à ses côtés. Le type portait une Rolex, et des clubs de golf dépassaient de la banquette arrière. Au feu rouge, je lui ai demandé ce qu'il faisait dans la vie, et il m'a répondu : « Je suis animateur. » Ma vocation est née ce jour-là.

How did you get into animation? Why animation? Is it a vocation?

One day, I saw a guy in a Ferrari with a fashion model sitting next to him. He was wearing a Rolex and there were golf clubs on the back seat of the car. At the red light, I asked him what he did, and he answered: "I'm an animator". I found my vocation that day.

Quel film, quel auteur vous a marqué ou inspiré ?

Beaucoup de films que j'ai vus lors du festival. Mais si je devais en souligner certains, ce seraient les films de la promo 1997 des Arts-Déco (*Journal* de Sébastien Laudenbach, *Un jour* de Marie Paccou, *Eux* de Jan Brzeczkowski…). J'ai découvert une autre manière de faire un film d'animation.

Which film, which filmmaker has impressed or inspired you?

Many films that I've seen at the Festival, but if I had to mention any in particular, it would be some from ENSAD in 1997 (*Journal* by Sébastien Laudenbach, *Un jour* by Marie Paccou, *Eux* by Jan Brzeckowski…). I discovered another way of making an animated film.

ARTHUR DE PINS

FRANCE / FRANCE

Arthur de Pins est né en France en 1977. À l'issue de ses études à l'École nationale supérieure des arts décoratifs, il réalise son premier court-métrage animé en 2000. Graphiste, caricaturiste, illustrateur et bédéiste, il crée des univers graphiques de séries télévisées, conçoit des publicités et collabore avec divers magazines.

Arthur de Pins was born in France in 1977. After studies at the École nationale supérieure des arts décoratifs, he made his first animated film in 2000. He is a graphic designer, strip cartoonist and illustrator and creates designs for TV series, commercials and works with different magazines.

FESTIVAL D'ANNECY

Arthur de Pins obtient le prix du film de fin d'études en 2001 pour *Géraldine*, puis le prix du public en 2004 pour *La Révolution des crabes*.

Arthur de Pins won the graduation film Award in 2001 for *Géraldine*, followed by the Audience Award for *The Crab Revolution* in 2004.

FILMS

Géraldine (2000)
L'Eau de rose / The Rose Water (2002)
La Révolution des crabes /
The Crab Revolution (2004)

LA RÉVOLUTION DES CRABES

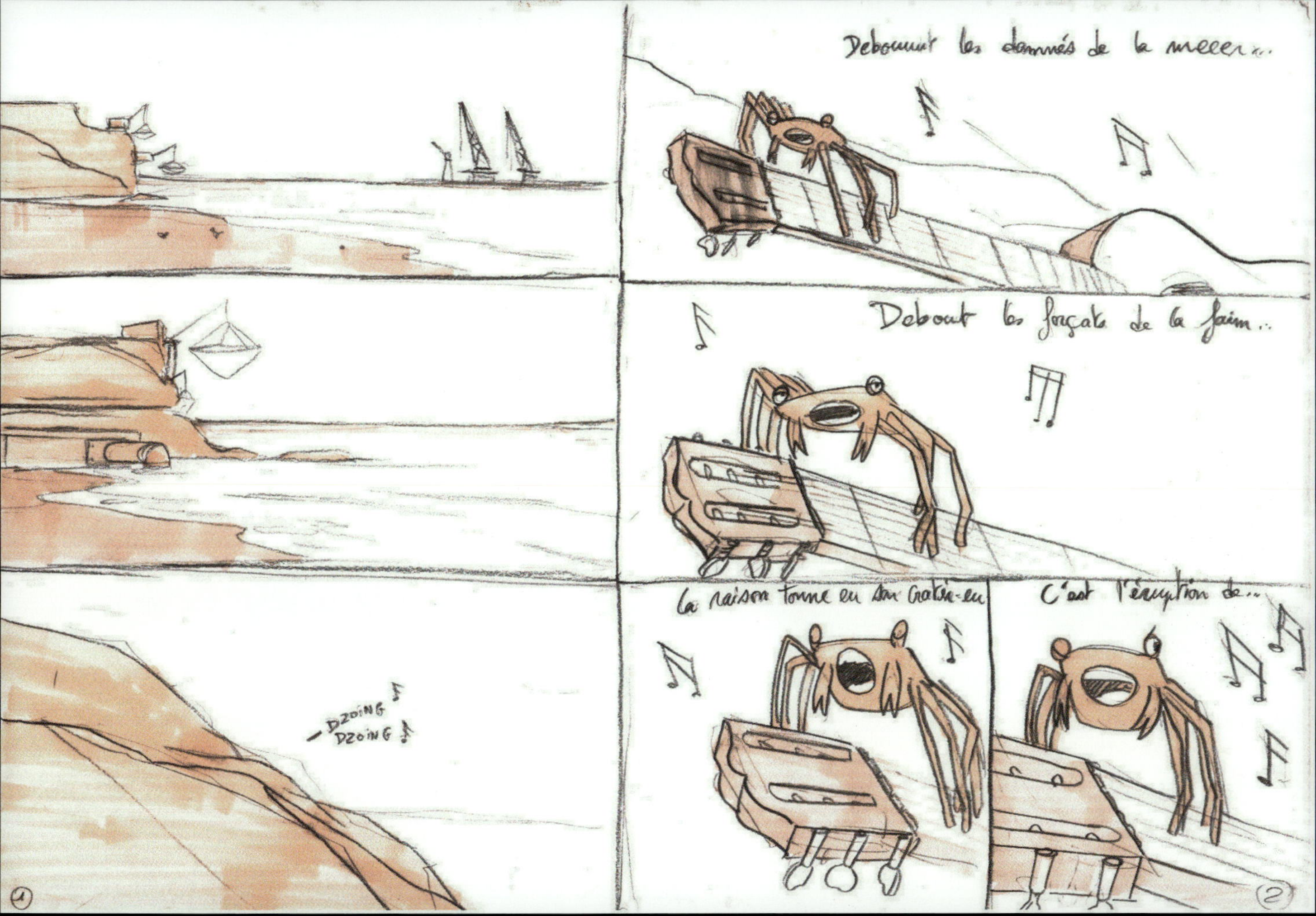

LA RÉVOLUTION DES CRABES

Double page suivante / *Double page following*

LA RÉVOLUTION DES CRABES

12

Vous et le festival d'Annecy… Un souvenir, une anecdote, un souhait ?	*You and the Annecy Festival… Do you have a particular memory, anecdote or wish?*
Je suis venu à Annecy seulement une fois, il y a plusieurs années, et deux souvenirs me reviennent en mémoire : mon plongeon improvisé dans le lac avec Bill Plympton et la séance de dédicace de livres à côté du grand Ray Harryhausen, un des héros de mon enfance.	I've only attended Annecy once, several years ago and two memories stand out: going for an impromptu jump in the lake with Bill Plympton and finding myself signing books next to the great Ray Harryhausen, one of my childhood heroes.

Quel film, quel auteur vous a marqué ou inspiré ?	*Which film, which filmmaker has impressed or inspired you?*
Je sais que ma réponse va sembler facile, mais il y en a trop pour les nommer tous. Entre le génie des grands studios et le niveau de maîtrise équivalent que j'ai trouvé dans des courts-métrages, l'inspiration ne manque pas. Ni les occasions d'être intimidé, d'ailleurs.	I know this will seem like a lazy answer, but there are too many to name. Between the genius I've seen come out of the big studios and the equal brilliance I've found in short films, I'm never short on inspiration or intimidation, for that matter.

Qu'est-ce qui vous a amené à l'animation ? Pourquoi l'animation : une vocation ?	*How did you get into animation? Why animation? Is it a vocation?*
Comme cela a souvent été le cas dans ma carrière, je suis arrivé à l'animation par hasard. Après avoir illustré une histoire appelée *Finn MCoul* pour une vidéo semi-animée, j'ai reçu un appel de Disney Features me proposant de concevoir des personnages pour *Le Bossu de Notre-Dame*. Depuis, je travaille dans l'animation. Rétrospectivement, je pense que l'animation était la suite logique du genre de dessins que je faisais pour l'édition. J'ai réalisé que pour tous mes travaux d'illustrations, j'avais fait de la conception de personnages.	Like the rest of my career, I stumbled upon it. After illustrating a story called *Finn MCoul*, a semi-animated video, I received a call from Disney Features with an invitation to do some character design for *The Hunchback of Notre Dame.* I've been working in animation ever since. Looking back on it, animation was the perfect next step for the kind of illustration I was doing for print. I realised I've been designing characters for every single picture I've made.

PETER DE SÈVE

ÉTATS-UNIS / USA

Peter de Sève est né en 1958 aux États-Unis. Après des études à la Parsons School of Design à New York, il opte pour une carrière d'illustrateur. Il travaille à des publicités pour la télévision, collabore à plusieurs livres, et ses dessins sont publiés en couverture de grands magazines américains, dont le *New Yorker*. Parallèlement, il crée les personnages de plusieurs films d'animation pour Disney, DreamWorks, Pixar et Blue Sky Studios.

Peter de Sève was born in the USA in 1958. After studies at the Parsons School of Design, he took up the career of illustrator. He worked on commercials for television, a variety of books and his drawings have been seen on covers of well-known American magazines like the *New Yorker*. Alongside this, he has created a number of characters for animated films for Disney, DreamWorks, Pixar and Blue Sky Studios.

FILMS

L'Âge de glace / Ice Age (designer des personnages / Character designer) (2002)
Le Monde de Nemo / Finding Nemo (designer des personnages / Character designer) (2003)
Ratatouille (designer des personnages / Character designer) (2007)

13

Vous et le festival d'Annecy… Un souvenir, une anecdote, un souhait ?	*You and the Annecy Festival… Do you have a particular memory, anecdote or wish?*
Avec Nicolas de Crécy et Christopher Hinton sur un petit bateau en partance pour un charmant resto caché dans les roseaux au loin sur le lac.. . Tous les trois nous étions dans le jury étudiants 2007, j'ai passé une semaine drôle et inoubliable. Étudiants, on fabriquait de fausses invitations et on imitait les tampons sur la main pour essayer d'entrer à la soirée de clôture du château. À l'époque, Annecy avait lieu une année sur deux … Depuis, j'ai l'impression que ça s'est davantage democratisé, avec les soirées sur la plage.	On a boat with Nicolas de Crécy and Christopher Hinton bound for a charming restaurant hidden in the reeds of the lake. All three of us were on the graduation films jury at Annecy 2007. I had an amusing and unforgettable week. When I was a student we used to make fake invitations and try and copy the stamps for your hands to get into the closing party at the castle. At that time, Annecy was every two years… Since then, I get the feeling it's become more accessible with the parties at *La Plage*.

Qu'est-ce qui vous a amené à l'animation ? Pourquoi l'animation : une vocation ?	*How did you get into animation? Why animation? Is it a vocation?*
Je crois que le dynamisme de la section Animation des Arts-Déco et la passion de certains profs ont beaucoup joué. Ce n'était absolument pas une vocation : je ne tenais pas en place plus de cinq minutes devant mon banc-titre ou ma planche à dessin.	I think the dynamism of the Animation department at Art school and the passion of some of the teachers played a big role. It was certainly not a vocation: I could never last longer than five minutes in front of the animation stand or my drawing board.

Quel film, quel auteur vous a marqué ou inspiré ?	*Which film, which filmmaker has impressed or inspired you?*
Princesse Mononoké, Dudok de Wit, Caroline Leaf, Terry Gilliam, *Sesame Street*, Méliès…	*Princess Mononoke*, Michael Dudok de Wit, Caroline Leaf, Terry Gilliam, *Sesame Street*, Méliès

GAËLLE DENIS

FRANCE / FRANCE

Gaëlle Denis est née en France. Elle étudie l'animation à l'École nationale supérieure des arts décoratifs avant d'intégrer, en 2000, le Royal College of Art de Londres où elle réalise ses premiers films. Dans le cadre de sa formation, elle fréquente l'université des beaux-arts de Kyoto et y réalise son troisième court-métrage. Parallèlement à sa carrière de cinéaste, elle enseigne l'animation pendant quelques années, notamment à Lausanne et à Londres, et conçoit des publicités télévisées et des vidéoclips pour Passion Pictures et Stink productions.

Gaëlle Denis was born in France. She studied animation at the École national supérieure des arts décoratifs before attending the Royal College of Arts in London in 2000, where she made her first films. During her studies she also went on an exchange visit to Kyoto University of Arts and made her third short film there. As well as her film career, she has taught animation for a few years in Lausanne and London and has made TV commercials and music videos for Passion Pictures and Stink productions.

FESTIVAL D'ANNECY

Gaëlle Denis obtient le prix spécial du jury en 2005 pour *City Paradise*. Elle est membre du jury en 2007.

Gaëlle Denis won the special jury prize for *City Paradise* in 2005. She was a member of the jury in 2007.

FILMS

Fish Never Sleep (2002)
City Paradise (2004)

CITY PARADISE

FISH NEVER SLEEP

14

Qu'est-ce qui vous a amené à l'animation ? Pourquoi l'animation : une vocation ?	*How did you get into animation? Why animation? Is it a vocation?*
L'animation n'est pas pour moi une vocation. C'est une façon de faire des films qui conjugue beaucoup de mes centres d'intérêt : l'illustration, la sculpture et la comédie. À mes yeux, l'animation reste, avant toute chose, du cinéma.	Animation is not a vocation for me. It's a way to make films that combine the things I'm interested in like illustration, sculpture and acting. To me, animation is, above all, cinema.

Quel film, quel auteur vous a marqué ou inspiré ?	*Which film, which filmmaker has impressed or inspired you?*
Certains films de Walt Disney, Tex Avery, *Le Roi et l'Oiseau*, les courts-métrages de Jean-François Laguionie, les productions de l'ONF et, en 1997, l'année de mon premier festival, *La Vieille Dame et les Pigeons* de Sylvain Chomet et *La Fin du monde en quatre saisons* de Paul Driessen.	Certain films by Walt Disney, Tex Avery, *The King and the Bird*, the shorts by Jean-François Laguionie, productions from the NFB and, in 1997, the year of my first festival, *The Old Lady and the Pigeons* by Sylvain Chomet and *The End of the World in Four Seasons* by Paul Driessen.

Vous et le festival d'Annecy… Un souvenir, une anecdote, un souhait ?	*You and the Annecy Festival… Do you have a particular memory, anecdote or wish?*
Un souvenir : une crise de conjonctivite lors de la sélection des films d'étudiants en 2005. Je suis resté une journée dans le noir total à l'hôtel, un comble pour un membre du jury de sélection !	A memory: getting conjunctivitis during the student film selection in 2005; I had to stay a whole day in the dark in the hotel, quite an unacceptable thing for a member of a selection committee!

FRANCK DION

FRANCE / FRANCE

Franck Dion est né en France en 1970. Il suit des cours d'art dramatique à l'American Center puis au théâtre de l'Archet, et parallèlement se forme en autodidacte à la sculpture, au dessin et à la peinture. Il collabore avec des maisons d'édition, des magazines, crée des décors pour le théâtre et conçoit des animations pour des documentaires. Cofondateur de la société de production Papy 3D, il a réalisé deux courts-métrages, en 2003 et 2008.

Franck Dion was born in France in 1970. He studied drama at the American Center and the Archet theatre while at the same time teaching himself sculpture, drawing and painting. He has worked with publishers and magazines, created sets for the theatre and created animation sequences for documentaries. He cofounded the production company Papy 3D and already has two short films to his name, made in 2003 and 2008.

FESTIVAL D'ANNECY

Franck Dion reçoit le prix du jury junior Canal J pour un court-métrage en 2004, avec *L'Inventaire fantôme*. Il est membre du comité de sélection en 2005.

Franck Dion was awarded the Canal J junior jury prize for a short film in 2004 for *The Phantom Inventory*. He was a member of the selection committee in 2005.

FILMS

L'Inventaire fantôme / The Phantom Inventory (2004)
Monsieur Cok (2007)

EDMOND ÉTAIT UN ÂNE

© Papy 3D Productions 2009,
projet de court-métrage, courtoisie Franck Dion

L'INVENTAIRE FANTÔME

Mefiez-vous des imitations !
X
COK
Bombardé avec de l'obus X ...
Bombardé avec de l'obus Cok !
Pour un bombardement réussi
Choisissez l'obus COK !

15

Vous et le festival d'Annecy… *Un souvenir, une anecdote, un souhait ?*	*You and the Annecy Festival…* *Do you have a particular memory, anecdote or wish?*
Je me souviens d'une croisière en bateau sur le lac d'Annecy avec des amis, parmi lesquels Michel Ocelot, que nous avons pris en photo avec son pantalon baissé – il était en train de mettre son maillot de bain. Cette image vaut maintenant beaucoup d'argent !	Being in a boat on lake Annecy with friends, including Michel Ocelot of whom we took a photograph with his pants down (while he was changing into swimming trunks). This photograph is now worth a lot of money!

Qu'est-ce qui vous a amené à l'animation ? *Pourquoi l'animation : une vocation ?*	*How did you get into animation? Why animation?* *Is it a vocation?*
J'ai toujours aimé les *cartoons* et j'ai toujours dessiné. L'animation apportait de nouvelles dimensions au dessin. C'était un luxe que j'appréciais au point que c'est devenu une véritable vocation pour moi.	I always drew and liked cartoons. Animation gave many more dimensions to the drawn cartoon, a luxury I appreciated so much that it became my vocation.

Quel film, quel auteur *vous a marqué ou inspiré ?*	*Which film, which filmmaker* *has impressed or inspired you?*
La simplicité de l'animation de Jim Hiltz et la beauté des premiers films de Hubley, Dunning et Laguionie, tout cela m'a beaucoup inspiré à mes débuts.	The simplicity of Jim Hiltz's animation and the beauty of early Hubley, Dunning and Laguionie films, all this was very inspiring to me when I started out.

PAUL DRIESSEN

CANADA / PAYS-BAS
CANADA / THE NETHERLANDS

Paul Driessen est né en 1940 aux Pays-Bas. Il fait ses débuts dans l'animation au studio Cinecartooncentre. Après un passage à Londres en 1967 où il participe comme animateur à un long-métrage, il émigre au Canada en 1970 et entreprend une carrière de cinéaste, travaillant principalement pour l'Office national du film du Canada, mais aussi pour des producteurs indépendants néerlandais. Depuis, parallèlement à la réalisation de plusieurs courts-métrages, il enseigne l'animation, écrit et illustre des contes pour enfants.

Paul Driessen was born in the Netherlands in 1940. He started out at the Cinecartooncentre studio before spending time in London in 1967, where he worked on an animated feature. He emigrated to Canada in 1970 and worked mainly with the National Film Board and a few independent Dutch producers. Alongside his work as a short film director he has also taught animation and written and illustrated stories for children.

FESTIVAL D'ANNECY

Paul Driessen reçoit le Grand prix en 1977 pour *David* ; le prix de la série télévisée en 1991 pour *Oncles et Tantes* ; le prix Fipresci en 1997 pour *La Fin du monde en quatre saisons* ; le prix spécial du jury et le prix Fipresci en 2001 pour *Le Garçon qui a vu l'iceberg*. Il fait partie du jury en 2006.

Paul Driessen won the Grand prix for *David* in 1977; the prize for a TV series in 1991 with *Uncles and Aunts*; the Fipresci prize for *The End of the World in Four Seasons* in 1997 and the special jury prize and the Fipresci prize for *The Boy who Saw the Iceberg* in 2001. He was a jury member at Annecy 2006.

THE BOY WHO SAW THE ICEBERG

FILMS

David (1977)
La Fin du monde en quatre saisons /
The End of the World in Four Seasons (1995)
Le Garçon qui a vu l'iceberg /
The Boy Who Saw the Iceberg (2000)

16

Vous et le festival d'Annecy… Un souvenir, une anecdote, un souhait ?	*You and the Annecy Festival… Do you have a particular memory, anecdote or wish?*
Je suis venu huit fois au festival d'Annecy entre 1979 et 2001. À chaque fois, j'ai reçu l'énergie que procurent les découvertes. Je retiens, entre autres, la magnifique rétrospective de William Kentridge en 1995.	I visited Annecy eight times between 1979 and 2001. Each time, I got renewed energy from seeing so many new things. One that particularly sticks in my mind is the great retrospective of William Kentridge's work in 1995.

Qu'est-ce qui vous a amené à l'animation ? Pourquoi l'animation : une vocation ?	*How did you get into animation? Why animation? Is it a vocation?*
J'ai été séduit par l'univers du cinéma d'animation, c'est une culture en soi et j'ai voulu absolument en faire partie.	I was attracted to the world of animation, it's a culture in itself and I definitely wanted to be a part of it.

Quel film, quel auteur vous a marqué ou inspiré ?	*Which film, which filmmaker has impressed or inspired you?*
À New York, en 1966, j'ai vu *Le Nez* d'Alexandre Alexeïeff et Claire Parker. Cet événement a changé ma vie.	I saw Alexandre Alexeieff and Claire Parker's film *The Nose* in New York in 1966. That was the event that changed my life.

JACQUES DROUIN

CANADA / CANADA

Jacques Drouin est né au Canada en 1943. Il étudie à l'école des beaux-arts de Montréal de 1963 à 1967, puis poursuit des études en cinéma à l'Université de Californie à Los Angeles (UCLA) de 1968 à 1971. En 1973, lors d'un stage à l'Office national du film du Canada, il s'oriente vers le cinéma d'animation et s'initie plus particulièrement à la technique de l'écran d'épingles Alexeïeff-Parker. Depuis, il réalise de nombreux courts-métrages et signe plusieurs bandes-annonces et collaborations.

Jacques Drouin was born in Canada in 1943. He studied at the Fine Arts School in Montreal from 1963 to 1967 and followed on with film studies at the University of California in Los Angeles (UCLA) from 1968 to 1971. While on an internship at the National Film Board of Canada he became interested in animation and more particularly in the pinscreen technique made famous by Alexandre Alexeieff and Claire Parker. Since then he has made a number of shorts using the medium along with credit sequences and other collaborations.

FESTIVAL D'ANNECY

Jacques Drouin, conjointement avec d'autres coréalisateurs, obtient le prix du générique, bande-annonce, interlude ou séquence animée en 1991, pour *Bandes-annonces Ottawa 90*. Il reçoit le prix Unicef pour un court-métrage en 1995 pour *Droits au cœur : Ex-enfant*. Il est membre du jury en 1997.

Jacques Drouin co-directed the award-winning *Credit Sequence for Ottawa 90* at Annecy 1991 and won the Unicef prize for a short film in 1995 for *Rights from the Heart: Ex-Child*. He was a member of the jury in 1997.

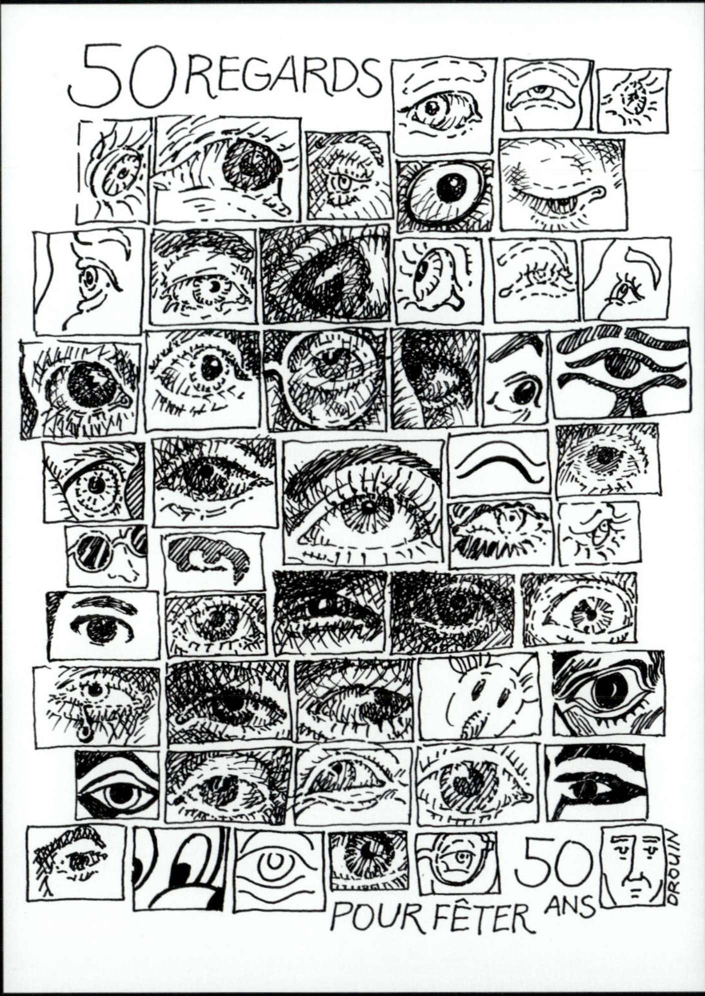

FILMS

Le Paysagiste / *Mindscape* (1976)
Une Leçon de chasse / *A Hunting Lesson* (2001)
Empreintes / *Imprints* (2004)

17

Vous et le festival d'Annecy… *Un souvenir, une anecdote, un souhait ?*	*You and the Annecy Festival…* *Do you have a particular memory, anecdote or wish?*
J'aimais quand, autrefois, tout le public était réuni dans l'ancien théâtre. Il faisait chaud, nous étions serrés, nous étions ensemble…	I loved it, before, when everyone was gathered in the old theatre. It was hot, we were cramped, we were together…

Quel film, quel auteur *vous a marqué ou inspiré ?*	*Which film, which filmmaker* *has impressed or inspired you?*
Beaucoup de films, en particulier *L'Homme qui plantait des arbres* de Frédéric Back, et *Le Héron et la Cigogne* de Youri Norstein.	Many films, *The Man Who Planted Trees* by Frédéric Back and *The Heron and the Crane* by Yuri Norstein in particular.

Qu'est-ce qui vous a amené à l'animation ? *Pourquoi l'animation : une vocation ?*	*How did you get into animation?* *Why animation? Is it a vocation?*
Je voulais créer et j'étais attiré par le langage du cinéma.	I wanted to create and I was attracted by the language of cinema.

MICHAEL DUDOK DE WIT

PAYS-BAS / THE NETHERLANDS

Michael Dudok de Wit est né en 1953 aux Pays-Bas. Il étudie la gravure à l'École supérieure des beaux-arts de Genève, puis l'animation au West Surrey College of Art and Design à Farnham, en Angleterre. Il fait ses débuts professionnels dans un studio d'animation barcelonais, avant de s'installer à Londres en 1980. Animateur et réalisateur de publicités pour la télévision et le cinéma, il réalise son premier court-métrage en 1992. Parallèlement à ses activités de cinéaste, il enseigne l'animation dans plusieurs établissements et illustre des livres pour enfants.

Michael Dudok de Wit was born in the Netherlands in 1953. He studied engraving at the École supérieure des beaux-arts in Geneva, then animation at the West Surrey College of Art and Design in Farnham, England. His professional career began in an animation studio in Barcelona, before he moved to London in 1980. He then concentrated on commercials for TV and the cinema and made his first short film in 1992. He also teaches animation in different schools and illustrates books for children.

FESTIVAL D'ANNECY

En 1995, Michael Dudok de Wit obtient une mention spéciale pour la qualité artistique récompensant *Le Moine et le Poisson*. Pour *Père et Fille*, il reçoit le Grand prix du court-métrage et le prix du public en 2001. Il est membre du jury en 2002.

Michael Dudok de Wit was awarded a Special Mention for the artistic quality of his film *The Monk and the Fish* in 1995 and he won the short film Grand prix and the Audience Award for *Father and Daughter* in 2001. He was a member of the Annecy jury in 2002.

FILMS

Le Moine et le Poisson / The Monk and the Fish (1994)
Père et Fille / Father and Daughter (2000)
The Aroma of Tea (2006)

PÈRE ET FILLE

LE MOINE ET LE POISSON

18

Vous et le festival d'Annecy… Un souvenir, une anecdote, un souhait ?	*You and the Annecy Festival… Do you have a particular memory, anecdote or wish?*
Quel lieu merveilleux pour un festival d'animation ! Le climat exceptionnel, les paysages fabuleux, la cuisine délicieuse et les gens incroyables qu'on rencontre, tout contribue à faire d'un séjour au festival du film d'animation d'Annecy une expérience inoubliable !	What a great venue for an animation festival! The wonderful climate, the fabulous views, the great food, and the incredible people make a trip to the Annecy Animation Festival something to remember forever!

Quel film, quel auteur vous a marqué ou inspiré ?	*Which film, which filmmaker has impressed or inspired you?*
De nombreux films et cinéastes m'ont impressionné et inspiré, notamment William Wyler (en particulier avec *La Vipère*) et Terry Gilliam (*Bandits, bandits…*). Mais si je devais citer un seul film qui m'a donné envie de me lancer dans l'animation, je dirais que c'est *Cendrillon* de Walt Disney. Je l'ai vu pour mon dixième anniversaire et je n'ai jamais changé d'avis !	Many films and film makers have impressed and inspired me. William Wyler (especially *The Little Foxes*) and Terry Gilliam (*Time Bandits*). But if I had to mention one single film that made me want to become involved in animation, I'd have to say Walt Disney's *Cinderella*. I saw it on my 10th birthday, and never looked back!

Qu'est-ce qui vous a amené à l'animation ? Pourquoi l'animation : une vocation ?	*How did you get into animation? Why animation? Is it a vocation?*
Je suis venu à l'animation parce que j'adore être transporté dans des mondes qui sont plus attirants que le monde réel, qui caricaturent la réalité sans essayer de faire semblant d'être réalistes.	I got into animation because I loved being transported to worlds that were better than real; that caricatured reality without trying to appear realistic.

RALPH EGGLESTON

ÉTATS-UNIS / USA

Ralph Eggleston est né en 1965 aux États-Unis. Après ses études au California Institute of the Arts, il se lance dans une carrière en animation. D'abord animateur de personnages pour la télévision, il travaille ensuite pour Kroyer Films. Depuis 1992, il a assumé différentes fonctions essentielles auprès de Pixar : scénariste, directeur artistique, réalisateur et acteur de doublage.
Ralph Eggleston was born in the USA in 1965. After studies at the California Institute of the Arts, he launched his career in animation as a character animator for television then worked at Kroyer Films. Since 1992, he has served several key roles at Pixar, including writer, art director, director and voice actor.

FILMS

For the Birds (2000)
Là-haut / UP (directeur artistique / Art Director) (2009)

FOR THE BIRDS

for the birds!
EYES
EYE FROM FRONT
EYELID SHOULD HAVE FLEXIBLE CONTROLS (TOP & BOTTOM)

TWISTING

FOR THE BIRDS

© Pixar, cellulo original du film

© Pixar, orginal cel from the film.

19

Quel film, quel auteur vous a marqué ou inspiré ?	*Which film, which filmmaker has impressed or inspired you?*
Jean-Pierre Jeunet est un génie ! J'aime aussi les premières œuvres de David Lynch et de Peter Greenaway. Mes films préférés sont *Delicatessen* ; *Elephant Man* ; *Le Cuisinier, le Voleur, sa Femme et son Amant* ; *Ma Vie de chien* ; *Barton Fink*, etc. La liste est infinie.	Jean Pierre Jeunet is a genius! I also like the early works of David Lynch and Peter Greenaway. My favourite films are: *Delicatessen*; *The Elephant Man*; *The Cook, The Thief, His Wife and Her Lover*; *My Life as A Dog*; *Barton Fink*, etc, the list goes on and on…

Vous et le festival d'Annecy… Un souvenir, une anecdote, un souhait ?	*You and the Annecy Festival… Do you have a particular memory, anecdote or wish?*
L'un de mes souvenirs préférés d'Annecy date de la première fois où je suis venu au festival, pour présenter mon premier court-métrage en pâte à modeler, *Oncle*. Je n'étais jamais allé dans un festival et j'étais vraiment impatient. J'étais un parfait inconnu en France, personne n'avait encore vu mon film. Quand je suis arrivé à Annecy et qu'on m'a donné le catalogue présentant tous les films et les biographies des réalisateurs de la compétition, j'étais surexcité. Je l'ai feuilleté à toute allure pour trouver la page où figurait mon nom, et j'ai découvert qu'il avait été mal orthographié : la lettre « M » avait été ajoutée au début de mon prénom. Pendant tout le festival, les gens ont pensé que j'étais une femme… MAdam Elliot. C'était très drôle !	One of my favourite memories of Annecy was the very first time I had visited the festival with my first short clayography, *Uncle*. I had never been to a festival and was very excited. Nobody in France had ever seen my film and I was completely unknown. I was very excited when I arrived at Annecy and received one of the catalogues of all the films and biographies of the directors in the International competition. I quickly flicked to the page with my name on it and discovered that accidentally my name had been mis-spelled and that the letter 'M' appeared before my first name. For the rest of the festival people thought I was a woman ....MAdam Elliot. It was very funny!

Qu'est-ce qui vous a amené à l'animation ? Pourquoi l'animation : une vocation ?	*How did you get into animation? Why animation? Is it a vocation?*
Dès que j'ai su dessiner et créer des sculptures en pâte à modeler, j'ai eu envie de faire vivre mes personnages. Finalement, en 1996, à l'âge de vingt-quatre ans, je suis entré dans une école de cinéma où j'ai réalisé ma première animation : une larme qui coulait sur la joue d'un clown. Quand j'ai regardé mon dessin s'animer, c'était l'un des moments les plus incroyables de ma vie !	Ever since I could draw and make things out of plasticine, I always wanted my characters to come to life. Finally in 1996 at the age of 24 I went to film school and did my first animation; a tear rolling down a clown's face. It was one of the most amazing moments in my life watching my drawing come alive!

ADAM ELLIOT

AUSTRALIE / AUSTRALIA

Adam Elliot est né en 1972 en Australie. Alors qu'il termine sa formation au Victorian College of the Arts en 1996, il réalise le premier volet d'une trilogie de courts-métrages d'animation en pâte à modeler. Depuis, il travaille pour son propre studio, Adam Elliot Pictures, où il scénarise, anime et réalise des courts et longs-métrages.

Adam Elliot was born in Australia in 1972. While finishing his studies at the Victorian College of Arts in 1996, he made the first part of his stop motion trilogy of short films. Since then, he has been working at his own studio, Adam Elliot Pictures, where he writes, animates and directs shorts and features.

FESTIVAL D'ANNECY

Adam Elliot obtient une mention spéciale en 2000 pour *Brother*. En 2003, il est récompensé par le prix spécial du jury, le prix du public et le prix Fipresci pour *Harvie Krumpet*. Il reçoit le Cristal du long-métrage en 2009 pour *Mary and Max*. Il fait partie du jury courts-métrages en 2009.

Adam Elliot received a Special Distinction for *Brother* at Annecy 2000, following on in 2003 with the special jury prize, the Audience Award and the Fipresci prize for *Harvie Krumpet*. He was awarded the feature film Cristal in 2009 for *Mary and Max* and was also a member of the short film jury that year.

FILMS

Oncle / Uncle (1996)
Harvie Krumpet (2003)
Mary and Max (2009)

MARY AND MAX

MARY AND MAX

MARY AND MAX

MARY AND MAX

20

Quel film, quel auteur vous a marqué ou inspiré ?

J'ai connu durant mes premières années à Disney certains des génies les plus inspirés et créatifs de l'animation actuelle : John Lasseter, Tim Burton, Brad Bird, Andrew Stanton, Pete Docter… J'aimerais pouvoir dire que je connais Hayao Miyazaki parce que la célèbre scène de l'arrêt de bus dans *Mon voisin Totoro* est pour moi l'une des plus grandes scènes de l'histoire du cinéma. Elle ne cesse de me stupéfier, par sa perfection, son économie, sa tranquillité, sa fantaisie, son esprit d'anticipation, la façon dont elle rend sensibles les peurs enfantines, l'isolement des enfants, leur vulnérabilité, la relation entre les deux sœurs, le moment des retrouvailles entre l'enfant et les parents, ses surprises visuelles, ses sons, ses comparaisons étranges et la justesse du sentiment. Pardon : cette phrase est plus longue que la scène elle-même.

Which film, which filmmaker has impressed or inspired you?

I have known from my early years at Disney some of the most inspiring and creative geniuses working in animation today, John Lasseter, Tim Burton, Brad Bird, Andrew Stanton, Pete Docter and many others. I wish I could also say I personally know Hayao Miyazaki because the famous bus stop scene in *Totoro* is to me one of the greatest scenes in film history. It never ceases to stun me with its perfection, its economy, its quiet, its whimsy, its anticipatory mood, its capturing of childhood fears, the kids' isolation, their vulnerability, its capturing of the sister dynamic perfectly, its child parent reunion moment, its visual surprises, its sounds, its odd similes, and its real feelings. Sorry, that sentence was longer than the scene itself!

Qu'est-ce qui vous a amené à l'animation ? Pourquoi l'animation : une vocation ?

Je suis venu à l'animation en contactant Donald Duckwall, chargé du recrutement pour les studios Walt Disney. C'était en 1979 et je n'avais que vingt-quatre ans. Je leur ai montré mon carton de croquis, des dessins réalisés d'après des livres, mais ils voulaient voir des dessins d'après nature, avec de la vie, de l'action et du contexte. Je suis rentré chez moi et j'ai travaillé tout le week-end. Deux jours plus tard, je suis revenu. On m'a engagé pour ces dessins imprécis, inachevés mais vivants. N'étant pas allé à CalArts, je ne savais pas animer. Je suis resté à l'essai pendant deux mois sous la tutelle d'Eric Larsen. Pour moi c'était le paradis : j'en rêvais depuis l'âge de sept ans ! Au bout du compte, j'ai été engagé en tant qu'intervalliste. Un grand voyage de trente ans commençait.

How did you get into animation? Why animation? Is it a vocation?

I got into animation by contacting Donald Duckwall, the guy in charge of hiring at Walt Disney Studios in 1979, when I was just 24. I took in my portfolio of cartoon paintings and drawings I had done from books but they needed to see drawings from life and drawings with life, action and silhouette to them. I went home and did that type of drawing over the weekend and resubmitted on the Monday. I was hired from those loose, sketchy, but lively drawings. I didn't go to Calarts or even know how to animate so I had to be tested for two consecutive months, under the tutelage of Eric Larsen. I was in heaven because I'd been dreaming of this since the age of 7. In the end, I was hired to be a rough inbetweener. My long thirty year journey had begun.

Vous et le festival d'Annecy… Un souvenir, une anecdote, un souhait ?

Je n'oublierai jamais ma première visite au festival d'Annecy parce que j'étais vraiment décalé. Je venais d'être viré de Disney, après vingt-cinq ans de maison ; j'avais donc tout le loisir d'aller enfin à Annecy ! Le soir où mon film *Lorenzo* était projeté, j'ai débarqué en costume-cravate, alors que les autres avaient plutôt le look d'artistes mourant de faim pour leur art. La projection s'est bien passée, et j'étais tout excité d'être parmi mes semblables, des cinglés d'animation. Mais quand je suis monté sur scène après le film pour saluer, dans mon costume de cadre idéal, je me sentais dans la peau d'une entreprise plus que dans celle d'un cinéaste. Pourtant *Lorenzo*, qui était quasi exclusivement le fruit de mon travail, correspondait à tous les critères d'un film personnel. Notre *Lorenzo* a remporté le Cristal quelques jours plus tard et, après la cérémonie, je me suis promené le long du lac, flânant entre les groupes, dans les tentes de la fête de clôture, mais personne n'avait l'air intéressé par une entreprise primée comme moi. Il y avait quelque chose d'absurde à être dans le plus bel endroit du monde, entouré de de mes frères et sœurs en animation, et de ne pas être capable d'entrer en contact avec eux. Je souhaite un bon anniversaire au festival d'Annecy. Vous êtes plus jeune que moi et vous le resterez éternellement, tant que de jeunes animateurs passionnés continueront à venir et à partager leurs films et leurs rêves avec nous tous qui avons la chance de gagner notre vie en faisant des dessins animés. Merci de dresser la table de ce festin visuel depuis cinquante ans. La vie est belle si on se consacre à sa passion malgré tous les obstacles.

You and the Annecy Festival… Do you have a particular memory, anecdote or wish?

I will never forget my first visit to the Annecy Festival because I was so out of sync with it. I had just been fired by Disney after twenty five years there so I had plenty of time to go to Annecy. I showed up in a suit and tie the night my film *Lorenzo* screened, and everybody else is looking like artists who like starve for their art, man. The film played well, and I was thrilled to be among my own kind, animation geeks, but when I went up on stage after to take a bow in my corporate suit, I felt more like a conglomerate than a filmmaker, even though I knew *Lorenzo* was almost single-handedly made by me and was by any standard a personal film. Our *Lorenzo* won the Cristal a few days later, and after the ceremony I walked back along the lake and wandered around the tents and the crowds at the post awards party, but nobody seemed much interested in talking to a prize-winning conglomeration like me. It was pretty empty being in the most beautiful place in the world full of my animation brother and sisterhood and not being able to mix it up with them. For the Annecy Festival I wish a happy birthday. You are younger than I am but will remain forever young as long as passionate young animators continue to come and share their films and their dreams with all of us lucky enough to get to draw cartoons for a living. Thank you for setting the table for the visual feast for all these 50 years. Life is good if you follow your passion against all obstacles.

MIKE GABRIEL

ÉTATS-UNIS / USA

Mike Gabriel est né aux États-Unis. Il suit une formation en animation au Golden West Junior College et entre aux studios Disney à l'âge de vingt-quatre ans. Il participe à un premier long-métrage en tant qu'assistant animateur et devient ensuite animateur superviseur sur quatre longs-métrages du studio, puis storyboardeur sur un autre. Toujours chez Disney, il coréalise deux longs-métrages, avant de signer son premier court-métrage en 2004. Il est actuellement directeur artistique sur un des prochains longs-métrages produits par la firme américaine.

Mike Gabriel was born in the USA. He studied animation at Golden West Junior College and was immediately attracted to the Disney studio from a young age. He started out as an assistant animator on a feature then became a supervising animator, animating on four Disney features, storyboarding on another feature, and co-directing two features before making his first short in 2004 with the studio. He is currently art directing an upcoming Disney feature.

FESTIVAL D'ANNECY

Mike Gabriel obtient le Cristal pour *Lorenzo* en 2004.

Mike Gabriel won the Cristal for *Lorenzo* at Annecy 2004.

FILMS

Pocahontas (coréalisateur / Co-director) (1995)
Lorenzo (2004)

21

Vous et le festival d'Annecy…
Un souvenir, une anecdote, un souhait ?

En février 1991, je fais partie du jury de sélection des courts-métrages d'Annecy. Au beau milieu d'une projection, une effroyable rage de dents se déchaîne dans ma bouche. Nicole S., notre dame patronnesse, m'expédie de toute urgence chez le neveu de l'ancien président du festival, le docteur Philippe P., magicien dentiste implanté au bord du lac. Ce type me soigne si bien et se montre si sympathique que je décide sur-le-champ de ne plus jamais confier mes chagrins dentaires à quelque autre quenologue que lui. Ainsi, depuis près de vingt ans, pour moi, festival d'Annecy rime avec visite annuelle du clavier, à défaut d'être couronné. Très snob, n'est-ce pas ?

You and the Annecy Festival…
Do you have a particular memory, anecdote or wish?

In February 1991 I was one of the Annecy selection committee. Right in the middle of a screening, I was suddenly racked by a terrible toothache. Our jury secretary, Nicole S., whisked me off to see the nephew of the former President of the Festival Dr Philippe P., dentist *extraordinaire* implanted in a lakeside surgery. This guy worked on me so well and was so great that I decided there and then never to let any other tooth doctor look after my dental preoccupations. So now, for the past twenty years, the Annecy Festival is synonymous with my yearly appointment for the ivories, short of being crowned. What a snob!

Qu'est-ce qui vous a amené à l'animation ?
Pourquoi l'animation : une vocation ?

Mille petits gagne-pain auraient sans doute comblé mes plus obscurs désirs professionnels : orthophoniste pour perroquets autistes, fraiseur des bois, menuisier hédoniste, ergothérapeute pour gallinacés, parrain d'eau douce, promeneur solitaire, poinçonneur des Lilas, mécano de la Générale, professeur de pot-au-feu, bâilleur aux corneilles, procureur de jupons, petit con de la dernière averse, vieux con des neiges d'antan… Il faut dire que j'avais le choix ! Au final, et c'est tout à fait par hasard, il n'y a bien que réalisateur de films d'animation que j'ai réussi à faire de façon à peu près satisfaisante, et encore !

How did you get into animation? Why animation?
Is it a vocation?

Thousands of little breadwinners would probably have fulfilled my darkest professional desires: speech therapist for autistic parrots, mechanic to the *General*, occupational therapist for chickens, lyricist for Mr G. S. Brassbourg, con-traversial con-versationalist… I had plenty of choice! In the end, and totally by chance, it's only animation filmmaker that I've managed to do reasonably satisfactorily – if that!

Quel film, quel auteur
vous a marqué ou inspiré ?

… 1,80 m. J'aurais tant voulu être grand. Hélas ! je n'y suis jamais arrivé. Pas assez téméraire, pas assez de soupe, pas assez de talonnettes… Pas à la « auteur », quoi !

Which film, which filmmaker
has impressed or inspired you?

1m 80: I so wanted to be great. Alas! I didn't make it. Not reckless enough, not enough soup, not up to it!

JACQUES-RÉMY GIRERD

FRANCE / FRANCE

Jacques-Rémy Girerd est né en France en 1952. Après des études à l'École nationale des beaux-arts de Lyon, il s'initie aux techniques image par image et réalise, en 1978, un premier court-métrage d'animation. Il réitérera l'expérience à maintes reprises, tant pour le grand que pour le petit écran. En 1981, il crée le studio Folimage et met en place la résidence d'artistes. Fondateur de La Poudrière, une école de réalisation de films d'animation, il scénarise et réalise deux longs-métrages, en 2003 et 2008.

Jacques-Rémy Girerd was born in France in 1952. After studies at the École nationale des beaux-arts in Lyon, he learned the techniques of frame by frame filmmaking and made his first short film in 1978. Since then his career includes many different productions for both the small and large screen. He founded the Folimage studio in 1981 and set up an Artist's Residence before also creating the animation school La Poudrière. He wrote and directed two animated features in 2003 and 2008.

FESTIVAL D'ANNECY

En 1995, Jacques-Rémy Girerd obtient le prix Unicef pour une série télévisée avec *Ma Petite Planète chérie : La Poubelle magique*, et le prix du spécial TV en 1998 avec *L'Enfant au grelot*. Il fait partie du comité de sélection d'Annecy en 1991, et du jury en 1999.

Jacques-Rémy Girerd was awarded the Unicef prize for a TV series in 1995 for *My Dear Little Planet: The Magic Trash* and the TV special prize for *Charlie's Christmas* in 1998. He was a selection committee member in 1991 and a jury member at Annecy 1999.

FILMS

L'Enfant au grelot / Charlie's Christmas (1997)
La Prophétie des grenouilles /
Raining Cats and Frogs (2002)

22

Vous et le festival d'Annecy… Un souvenir, une anecdote, un souhait ?	*You and the Annecy Festival… Do you have a particular memory, anecdote or wish?*
David Silverman : Mon meilleur souvenir lors de ma visite à Annecy en 2008 reste le moment où j'étais sur la scène avec Serge Bromberg, qui interagissait avec le film *Gertie le dinosaure*, tandis que je jouais du tuba pour l'accompagner. Mon seul souhait est de venir chaque année !	David Silverman: My favourite memory from my 2008 visit was being onstage with Serge Bromberg as he interacted with the film *Gerti the Dinosaur*, while I provided tuba accompaniment. I only wish I could be there every year.

Quel film, quel auteur vous a marqué ou inspiré ?	*Which film, which filmmaker has impressed or inspired you?*
David Silverman : Plus jeune, j'ai été marqué par *King Kong*, *Dumbo*, *Citizen Kane* et les films de Chaplin, Keaton, des Marx Brothers et d'Hitchcock. *2001 : L'Odyssée de l'espace* et *Darby O'Gill et les Farfadets*, ainsi que les films de Ray Harryhausen, sont à l'origine de ma fascination pour les effets spéciaux.	David Silverman: At an early age I was inspired by *King Kong*, *Dumbo*, *Citizen Kane*, and films of Chaplin, Keaton, the Marx Brothers, and Hitchcock. *2001* and *Darby O'Gill and the Little People* inspired my fascination with special effects, as well as the films of Ray Harryhausen.

Qu'est-ce qui vous a amené à l'animation ? Pourquoi l'animation : une vocation ?	*How did you get into animation? Why animation? Is it a vocation?*
David Silverman : Aussi loin que je me souvienne, j'ai toujours dessiné. Vers l'âge de neuf ans, j'ai commencé à faire des flipbooks, j'en ai réalisé des centaines. Je ne suis pas sûr d'avoir vraiment eu le choix dans cette affaire, c'était comme si j'étais obligé de dessiner. Une fois au lycée, j'ai caressé l'idée de devenir architecte, et j'ai pris des cours de dessin dans ce but. Mais heureusement, ça m'est vite passé.	David Silverman: I was always drawing as far back as I can remember. And around nine years old I started making flipbooks – hundreds of them. I'm not sure I had a choice in the matter, I was just stuck drawing. I flirted with the idea of being an architect while in high school, and took several drafting classes. Fortunately I grew out of that notion.

MATT GROENING & DAVID SILVERMAN

ÉTATS-UNIS / USA

Matt Groening est né aux États-Unis en 1954. Il fait ses débuts professionnels à Los Angeles en tant qu'auteur et illustrateur d'une bande dessinée publiée dans de nombreux hebdomadaires. En 1987, il crée une famille de personnages, qui prendront vie d'abord sous forme de courtes séquences animées pour la télévision, puis comme série à part entière en 1990. Éditeur pour Bongo Comics Group depuis 1993, il signe les dessins d'une seconde série télévisée en 1999.

Matt Groening was born in the USA in 1954. His professional career started in Los Angeles as a strip cartoon writer and illustrator for a number of magazines. Then, in 1987, he created a family of characters that were first seen in animated sequences on a TV show before starring in a series of their own (1990). He formed the publishers the Bongo Comics Group in 1993 and continued with another animated series that first aired in 1999.

David Silverman est né en 1957 aux États-Unis. Après l'obtention d'un MFA (Master of Fine Arts) en animation à l'UCLA, il travaille en indépendant dans l'illustration. Puis il devient responsable de l'animation, réalisateur et producteur pour une série télévisée. Depuis, il œuvre indifféremment à la scénarisation ou à la réalisation de longs-métrages pour les studios DreamWorks, Pixar et Blue Sky.

David Silverman was born in the USA in 1957. After receiving his MFA in Animation from UCLA, he became a freelance illustrator, before becoming head of animation, director and producer for a TV series. He also works on the screenplays and directing of features for studios including DreamWorks, Pixar and Blue Sky.

FESTIVAL D'ANNECY

Matt Groening fait partie du jury en 2008.
Matt Groening was a jury member at Annecy 2008.

David Silverman fait partie du jury films de fin d'études en 2008.
David Silverman was a member of the graduation film jury at Annecy 2008.

FILMS

Matt Groening :
Les Simpson (série / series)

David Silverman :
Monstres & Cie / Monsters, Inc. (2001)
(coréalisateur / Co-director)
Les Simpson – Le Film /
The Simpsons Movie (2007)

23

Vous et le festival d'Annecy… Un souvenir, une anecdote, un souhait ?	*You and the Annecy Festival… Do you have a particular memory, anecdote or wish?*
Assister au festival d'Annecy était l'un de mes plus grands rêves. Remporter le Grand prix ex æquo en 1977 avec *Le Château de sable* était comme un rêve impossible.	To attend the Annecy Festival was one of my biggest dreams. Winning the Grand prix tied with *The Sand Castle* in 1977 was like an impossible dream come true.

Qu'est-ce qui vous a amené à l'animation ? Pourquoi l'animation : une vocation ?	*How did you get into animation? Why animation? Is it a vocation?*
Je suis tombé en amour avec le cinéma d'animation, et plus précisément l'animation de marionnettes, parce que c'est une discipline dans laquelle l'art est sans limite.	I fell in love with animation, particularly puppet animation, because it is an Art form without limits.

Quel film, quel auteur vous a marqué ou inspiré ?	*Which film, which filmmaker has impressed or inspired you?*
C'est le film *Le Merle* de Norman McLaren qui m'a donné la piqûre.	The film *The Blackbird* by Norman McLaren really got me hooked on animation.

CO HOEDEMAN

CANADA / CANADA

Né aux Pays-Bas en 1940, Co Hoedeman débute sa carrière dans le milieu du cinéma à l'âge de seize ans. Émigré au Canada en 1965, il entre à l'Office national du film du Canada en tant que réalisateur. Après avoir signé son premier film en 1969, il se spécialise en animation de marionnettes. Depuis, il a réalisé plus d'une vingtaine de productions, dont plusieurs destinées aux enfants.
Co Hoedeman was born in the Netherlands in 1940, and started his film career at the age of sixteen. He emigrated to Canada in 1965 and joined the National Film Board of Canada as a film director. After making his first film in 1969, he specialised in puppet animation. Since then, he has made over twenty films, including several essentially for a young public.

FESTIVAL D'ANNECY

Co Hoedeman obtient une mention en 1973 pour *Tchou-Tchou,* et le Grand prix pour *Le Château de sable* en 1977.
Co Hoedeman was awarded a Mention in 1973 for *Tchou-Tchou* and the Grand prix at Annecy 1977 for *The Sand Castle.*

FILMS

Le Château de sable / The Sand Castle (1977)
L'Ours renifleur / The Sniffing Bear (1992)
Ludovic (série / series)

24

Qu'est-ce qui vous a amené à l'animation ? Pourquoi l'animation : une vocation ?	*How did you get into animation? Why animation? Is it a vocation?*
Je suis venu à l'animation par hasard. Ce n'est qu'après que j'ai commencé à aimer ça.	I got into animation by accident and I started to like it.

Quel film, quel auteur vous a marqué ou inspiré ?	*Which film, which filmmaker has impressed or inspired you?*
Les bandes dessinées et les films de Winsor McCay.	Winsor McCay's comics and films.

Vous et le festival d'Annecy… Un souvenir, une anecdote, un souhait ?	*You and the Annecy Festival… Do you have a particular memory, anecdote or wish?*
J'ai hâte de revenir à Annecy, pour les films autant que pour revoir les amis – et pour le lac, bien sûr !	Can't wait to come back, for the films as much as for the friends and the lake, of course!

KRUMME

ALLEMAGNE / GERMANY

Raimund Krumme est né en 1950 en Allemagne. Après des études en communication visuelle à l'Académie des arts de Berlin, il travaille durant quelques années à des programmes de films pour enfants pour la télévision publique et la radio. Depuis 1980, il réalise ses propres courts-métrages, dessins sur papier ou cellulo, et se consacre à l'enseignement.

Raimund Krumme was born in Germany in 1950. He studied Visual Communication at the Berlin Academy of Arts then worked for a few years on programmes for children for public TV and radio. He has been making his own shorts since 1980, using the drawing on paper or cels technique, and also teaches.

FESTIVAL D'ANNECY

En 1987, Raimund Krumme obtient le premier prix spécial du jury, le prix Ficc et le prix Fipresci pour *Équilibristes*.

Raimund Krumme received the special jury prize, the Ficc prize and the Fipresci prize for *Ropedancers* at Annecy 1987.

FILMS

Équilibristes / Ropedancers (1986)
Le Passage (1994)
The Message (2000)

25

Quel film, quel auteur vous a marqué ou inspiré ?

Ils sont trop nombreux pour être cités ici. Quelques films : *Blanche-Neige*, *L'Homme qui plantait des arbres*, *Mon Voisin Totoro*, *Akira*, *Toy Story*, *L'Étrange Noël de Monsieur Jack*, *Neighbours*, *Le Hérisson dans le brouillard*, *Le Voyage d'une fourmi*, *The Wrong Trousers*, *La Prophétie des grenouilles*, *Père et Fille*, *Mon Oncle*, *La Soif du mal*, *La Ruée vers l'or*, *The Kid*... Quelques auteurs qui m'ont marqué : Walt Disney, Frédéric Back, Hayao Miyazaki, Katsuhiro Otomo, John Lasseter, Tim Burton, Henry Selick, Norman McLaren, Youri Norstein, Edward Nazarov, Nick Park, Jacques-Rémy Girerd, Michael Dudok de Wit, Jacques Tati, Orson Welles, Charlie Chaplin... Ceux qui m'ont inspiré : tous et plus encore !

Which film, which filmmaker has impressed or inspired you?

There are too many to name them all here. Here are a few films: *Snow White*, *The Man who Planted Trees*, *My Neighbour Totoro*, *Akira*, *Toy Story*, *The Nightmare Before Christmas*, *Neighbours*, *Hedgehog in the Fog*, *Le Voyage d'une fourmi*, *The Wrong Trousers*, *It's Raining Cats and Frogs*, *Father and Daughter*, *My Uncle*, *Touch of Evil*, *The Gold Rush*, *The Kid*… And a few filmmakers: Walt Disney, Frédéric Back, Hayao Miyazaki, Katsuhiro Otomo, John Lasseter, Tim Burton, Henry Selick, Norman McLaren, Yuri Norstein, Edward Nazarov, Nick Park, Jacques-Rémy Girerd, Michael Dudok de Wit, Jacques Tati, Orson Welles, Charlie Chaplin… All of them have inspired me and many more besides!

Qu'est-ce qui vous a amené à l'animation ? Pourquoi l'animation : une vocation ?

C'est *Blanche-Neige* de Walt Disney qui m'a conduit à l'animation. J'avais cinq ans lorsque j'ai vu le film. Ce fut une révélation : c'était cela que je voulais faire quand je serais grand. L'animation est un formidable moyen d'expression qui permet, à travers de multiples techniques, de créer des mondes imaginaires qui peuvent nous projeter au-delà du réel à partir d'un simple bout de papier et d'un crayon. Je ne sais pas si c'est une vocation. Une passion, certainement.

How did you get into animation? Why animation? Is it a vocation?

It was Walt Disney's *Snow White* that drew me into animation. I was five when I saw the film. It was a revelation: that's what I wanted to do when I grew up. Animation is a fantastic means of expression that, through different techniques, allows you to create imaginary worlds and takes you beyond reality with just a simple piece of paper and a pencil. I don't know if it's a vocation. It's certainly a passion.

Vous et le festival d'Annecy… Un souvenir, une anecdote, un souhait ?

Un souvenir : ma première venue au festival en 1985. Un bidule en 3D sans bras ni jambes, *Fly Bill*, avait été sélectionné en panorama. Le bonheur d'assister aux projections de tant de films d'auteurs de talent. Une anecdote et un honneur : avoir fait partie du conseil d'administration à un moment clé du festival : l'annualisation et la naissance de l'animation en 3D. L'organisation de conférences internationales : l'animation au Japon, aux États-Unis. Un souhait : vive Annecy 2060 ! Je le regarderai d'en haut.

You and the Annecy Festival… Do you have a particular memory, anecdote or wish?

A memory: my first visit to the Festival in 1985. A little piece of 3D nonsense called *Fly Bill* was selected in panorama. What a thrill it was to see so many films by talented filmmakers. An anecdote and an honour: to have been a part of the board of directors at such a key moment in time when the Festival went annual and 3D animation took off. The organisation of the conferences: animation in Japan and the USA. A wish: long live Annecy 2060! I'll be watching from above!

GEORGES LACROIX

FRANCE / FRANCE

Georges Lacroix est né en 1945. Après l'École des arts décoratifs de Strasbourg, il entre à l'École nationale supérieure des beaux-arts de Paris, tout en se consacrant à la bande dessinée pour le journal *Pilote*. Dans les années 1970, il est illustrateur pour plusieurs revues et journaux internationaux. Il réalise un premier film en images de synthèse en 1984. En 1985, il est cofondateur, avec Renato, Jean-Yves Grall et Philippe Baudart, du studio d'animation Fantôme, qui réalisera de nombreuses séries télévisées. En 1999, il fonde la société GL Consulting, dédiée à l'éducation et à la production de courts-métrages d'animation.

Georges Lacroix was born in 1945. After studies at the École des arts décoratifs in Strasbourg, he continued at the École nationale supérieure des beaux-arts in Paris, while also working on strip cartoons for *Pilote* magazine. During the seventies he illustrated for a number of international magazines and newspapers and made his first CGI film in 1984. The following year he co-founded the animation studio Fantôme with Renato, Jean-Yves Grall and Philippe Baudart that produced a number of TV series. In 1999, he founded GL Consulting, a company focused on education and the production of short animated films.

FESTIVAL D'ANNECY

En 1995, Fantôme reçoit le prix de la série télévisée pour un film en images de synthèse, pour *Insektors : Le Pont de la Konkorde.*

Fantôme was awarded the prize for a CGI TV series in 1995 for *Insektors: The Konkord's Bridge.*

FILMS

Fly Bill (1985)
Les Fables géométriques (série / series)
Insektors (série / series)

INSEKTORS

Georges Lacroix, Renato

26

Quel film, quel auteur vous a marqué ou inspiré ?	*Which film, which filmmaker has impressed or inspired you?*
Beaucoup de films américains, noirs, musicaux, comédies... mais aussi Pierre Étaix, Bergman ou Wim Wenders.	Many American, black, musical and comedy films… and also Pierre Étaix, Bergman or Wim Wenders.

Vous et le festival d'Annecy… Un souvenir, une anecdote, un souhait ?	*You and the Annecy Festival… Do you have a particular memory, anecdote or wish?*
Annecy, 1965. C'était ma première participation au festival. J'étais très impressionné par les grands de l'animation, Trnka, Hubley, McLaren... et l'amitié simple qui régnait autour d'eux. Je me souviens aussi d'un tour en voilier avec Jacques Colombat et Jean Vimenet qui a failli se terminer au fond du lac !	Annecy 1965. It was my first time at the Festival. I was awestruck to see such great names in animation like Trnka, Hubley or McLaren and the simple friendship that reigned around them. I also remember a sailing boat trip with Jacques Colombat and Jean Vimenet that almost ended at the bottom of the lake!

Qu'est-ce qui vous a amené à l'animation ? Pourquoi l'animation : une vocation ?	*How did you get into animation? Why animation? Is it a vocation?*
Le goût, j'imagine, pour les contes étranges en littérature et au cinéma et, bien sûr, ma rencontre avec Paul Grimault.	I suppose it was my taste for unusual tales in literature and the cinema and, of course, my meeting with Paul Grimault.

JEAN-FRANÇOIS LAGUIONIE

FRANCE / FRANCE

Jean-François Laguionie est né en 1939 en France. À l'issue de ses études de graphisme et de décor de théâtre, il rencontre Paul Grimault, auprès de qui il s'initie au cinéma d'animation et s'approprie la technique du papier découpé. En 1965, il réalise son premier court-métrage adapté, comme tous ses films suivants, d'un récit dont il est l'auteur. En 1979, il fonde le studio de production La Fabrique, où il réalise, entre autres, trois longs-métrages d'animation.

Jean-François Laguionie was born in France in 1939. After finishing studies in graphics and theatre design, he met Paul Grimault, who introduced him to animation and particularly the technique of paper cut-outs. He made his first short film in 1965, which was adapted from one of his stories. In 1979, he founded La Fabrique production studio, where he has made a number of films, including three animated feature films.

FESTIVAL D'ANNECY

Jean-François Laguionie obtient le Grand prix en 1965 pour *La Demoiselle et le Violoncelliste*. Il est membre du jury en 1967.

Jean-François Laguionie won the short film Grand prix at Annecy 1965 for *The Young Lady and the Cellist*. He was a member of the jury in 1967.

FILMS

La Demoiselle et le Violoncelliste /
The Young Lady and the Cellist (1965)
La Traversée de l'Atlantique à la rame (1978)

UNE BOMBE PAR HASARD

LA TRAVERSÉE DE L'ATLANTIQUE
À LA RAME

27

Qu'est-ce qui vous a amené à l'animation ? Pourquoi l'animation : une vocation ?	*How did you get into animation? Why animation? Is it a vocation?*
Pendant toute la période où je débutais dans l'animation, je n'ai jamais eu l'intention de devenir un animateur. C'est simplement arrivé, progressivement, tout au long de ces années, comme dans la métaphore de la grenouille dans l'eau bouillante. Puis, avant que je comprenne ce qui se passait, créer des images étranges, fantastiques, pour raconter des histoires humaines était devenu ce que je souhaitais le plus.	All the while I was getting into animation I never intended to be an animator. It just came gradually over several years, like the "frog in boiling water" metaphor. Then, before I knew what happened, I wanted nothing more than to make weird, fantastic images to tell human stories.

Quel film, quel auteur vous a marqué ou inspiré ?	*Which film, which filmmaker has impressed or inspired you?*
Nombreux sont les animateurs qui m'ont inspiré, mais c'est Jan Švankmajer qui m'a dit (par télépathie) que je devais devenir animateur, quand j'ai vu *Obscurité, lumière, obscurité* en 1990.	Many animators have inspired me, but it was Jan Švankmajer who told me (telepathically) that I had to be an animator, back when I saw *Darkness, Light, Darkness* in 1990.

Vous et le festival d'Annecy… Un souvenir, une anecdote, un souhait ?	*You and the Annecy Festival… Do you have a particular memory, anecdote or wish?*
J'ai vécu l'une de mes meilleures expériences à Annecy l'année où mon film *Bingo* a été projeté. Je marchais sur le Pâquier. Une personne m'a abordé pour me dire que *Bingo* était le plus mauvais film qu'elle avait jamais vu. Et quinze secondes plus tard, quelqu'un d'autre m'accostait pour me dire que *Bingo* était le meilleur film qu'il avait jamais vu. J'ai compris à ce moment-là que le festival était une manifestation qui donnait lieu à une grande variété artistique. Je souhaite que cet esprit débridé et éclatant de diversité prospère éternellement à Annecy.	One of my coolest experiences at Annecy was when my film *Bingo* was playing. I was walking along the *Pâquier*. One person stopped me to tell me that *Bingo* was the worst film she'd ever seen. Fifteen seconds later, someone else stopped me to say that *Bingo* was the best film he'd ever seen. I knew then that this was an event of great artistic diversity. I wish for this messy, glorious spirit of diversity to thrive forever at Annecy

CHRIS LANDRETH

CANADA / CANADA

Chris Landreth est né en 1961 aux États-Unis. Après l'obtention d'un diplôme en mécanique théorique et appliquée et une première carrière d'ingénieur, il entre chez Alias/Wavefront comme testeur de logiciels d'animation. Cette expérience l'amène à la réalisation, en 1994, de son premier court-métrage animé assisté par ordinateur. Depuis, il réalise des films, produits par Copper Heart Entertainment et l'Office national du film du Canada.

Chris Landreth was born in the USA in 1961. After obtaining a degree in Theoretical and Applied Mechanics and becoming an engineer, he joined Alias/Wavefront as an animation software tester. This resulted in the production of his first CG short in 1994. Since then, he's been making films produced by Copper Heart Entertainment and the National Film Board of Canada.

FESTIVAL D'ANNECY

Chris Landreth obtient le prix spécial du jury en 2004 pour *Ryan*. Il fait partie du jury en 2005.

Chris Landreth received the special jury Award for *Ryan* at Annecy 2004 and was a jury member the following year.

FILMS

Bingo (1998)
Ryan (2004)
L'Échine / The Spine (2008)

Bon Anniversaire Annecy !
1960 ——→ 2010

28

Vous et le festival d'Annecy… Un souvenir, une anecdote, un souhait ?	*You and the Annecy Festival… Do you have a particular memory, anecdote or wish?*
Après tous les souvenirs alcoolisés de folles éditions du festival d'Annecy (qui ont donné lieu au fil des ans à beaucoup d'anecdotes impubliables), je suis étonné que vous me laissiez encore revenir. Plus sérieusement, remporter un prix à Annecy a vraiment été l'un des événements les plus inattendus de ma vie. Quand j'ai entendu mon nom, j'ai regardé partout dans le théâtre pour voir qui c'était, avant de comprendre qu'il s'agissait de moi ! Un cas parfait de dissociation. Mais ça m'a aidé à réaliser que mon rêve de devenir un jour cinéaste était devenu réalité.	After all the sodden memories of crazed Annecy festivals (which have generated many unprintable anecdotes over the years) I'm amazed that you still let me come back. Seriously, winning a prize here was one of the most genuinely unexpected events of my life. After hearing my name announced, I looked around the theatre to see who it was, before realising that it was me! Total dissociation. But it helped me to realise that my hope of one day becoming a filmmaker had passed into reality.

Qu'est-ce qui vous a amené à l'animation ? Pourquoi l'animation : une vocation ?	*How did you get into animation? Why animation? Is it a vocation?*
L'animation me permet de m'évader mentalement et d'explorer mon univers intérieur. Quand je dessine, ce monde se révèle peu à peu et je découvre parfois des choses étonnantes et merveilleuses. Et ce qui est super, c'est qu'après, je peux partager avec d'autres des films amateurs de mon voyage. Ce n'est pas tant une vocation qu'une drogue qui rend dépendant. Et c'est moins cher que le crack !	Animation allows me to walk around mentally and explore my inner mind. As I draw, a little more of this world reveals itself and sometimes shows me surprising and wonderful things. Best of all, I can later share home movies of my journey with others. It's not so much a vocation as an addictive drug. And it's cheaper than crack!

Quel film, quel auteur vous a marqué ou inspiré ?	*Which film, which filmmaker has impressed or inspired you?*
J'ai avant tout été inspiré par le film de Driessen, *On Land, on Sea and in the Air*, qui m'a démontré que l'animation pouvait être une forme d'expression personnelle très puissante plutôt que le moyen d'atteindre une cible marketing.	I was first inspired by Paul Driessen's *On Land, On Sea and In The Air*, which showed me that animation could be a powerful form of self expression rather than a means of hitting a target market.

GREG LAWSON

PAYS-BAS / THE NETHERLANDS

Greg Lawson est né aux États-Unis en 1956. Installé à Amsterdam, il fait ses premiers pas dans le domaine du cinéma d'animation en 1988. Quatre ans plus tard, il fonde son propre studio, Lawson & Whatshisname, produisant des publicités pour la télévision, des séries pour enfants, ainsi que des courts-métrages plus personnels.

Greg Lawson was born in the USA in 1956. He moved to Amsterdam and started out in animation in 1988. Four years later, he founded his own studio, Lawson & Whatshisname, where he produced TV commercials, children's series and more personal short films.

FESTIVAL D'ANNECY

Greg Lawson reçoit le prix du film éducatif, scientifique ou d'entreprise en 1998, pour *The Horror from Hell.*

Greg Lawson received the educational, scientific or company prize for *The Horror from Hell* at Annecy 1998.

FILMS

Safe Sex: the Manual (1993)
The Horror from Hell (1996)
Eco Homo (2002)

"SELL."

"I GUESS I <u>HAVE</u> BEEN A LITTLE OVERSTRESSED LATELY, NOW THAT YOU MENTION IT."

Miss Rawlings, I'M DEPRESSED. PLEASE BRING ME SOME MONEY."

29

Qu'est-ce qui vous a amené à l'animation ? Pourquoi l'animation : une vocation ?	*How did you get into animation? Why animation? Is it a vocation?*
Je suis fasciné par l'animation. Quand j'ai commencé la réalisation de ma première animation, c'était avant tout par curiosité. Mais, avant même d'avoir fini, la curiosité s'était transformée en fascination. Je ressens une grande liberté artistique quand je fais de l'animation.	Animation is a fascination. When I started experimenting with animation, it was just a curiosity, but before the work was finished, the curiosity became a fascination. I feel artistic freedom when I make animated films.

Quel film, quel auteur vous a marqué ou inspiré ?	*Which film, which filmmaker has impressed or inspired you?*
Ce sont avant tout Youri Norstein et Frédéric Back qui ont inspiré mon travail. Et les films du studio Ghibli ont été pour moi de vrais professeurs dans ma formation à l'animation.	In the beginning, Yuri Norstein and Frédéric Back inspired my work. And the films of Ghibli Studio have been a teacher to my animation study.

Vous et le festival d'Annecy… Un souvenir, une anecdote, un souhait ?	*You and the Annecy Festival… Do you have a particular memory, anecdote or wish?*
En 2002, le festival d'Annecy m'a donné le courage nécessaire pour continuer à faire de l'animation. J'ai remporté le Grand prix et on m'a offert un encombrant trophée en cristal et aux arêtes tranchantes, sans aucune boîte pour le transporter. Ce fut un vrai casse-tête pour le rapporter chez moi !	In 2002, the Annecy Festival encouraged me to continue making animated films. I received the Grand prix – a big, sharp edged crystal trophy without a case. It was so hard to carry that big crystal back home!

CORÉE DU SUD
SOUTH KOREA

Sung-gang Lee est né en Corée du Sud en 1962. Après l'obtention d'un diplôme de psychologie à l'université Yonsei à Séoul, il réalise son premier court-métrage en 1995. Depuis, il travaille en tant que scénariste, directeur de l'animation et réalisateur sur plusieurs courts et longs-métrages.

Sung-gang Lee was born in South Korea in 1962. After graduating in Psychology at Yonsei University in Seoul, he made his first short film in 1995. Since then, he has been working as scriptwriter and director on a number of animation shorts and features.

FESTIVAL D'ANNECY

Sung-gang Lee obtient le Grand prix du long-métrage, en 2002, pour *Mari Iyagi*.

Sung-gang Lee received the feature Grand prix for *My Beautiful Girl, Mari* in 2002.

FILMS

Ashes in the Thicket (1998)
Mari Iyagi / My Beautiful Girl Mari (2002)
Yobi the Fived-Tailed Fox (2007)

SNOW QUEEN, LEGEND OF LAKE BAIKAL

SNOW QUEEN, LEGEND OF LAKE BAIKAL

30

Quel film, quel auteur vous a marqué ou inspiré ?

Tous les auteurs qui ont une approche plastique et picturale de l'animation, d'Alexeïeff à Toccafondo en passant par McLaren, Caroline Leaf, Youri Norstein… sans oublier *Le Mystère Picasso* de Clouzot.

Which film, which filmmaker has impressed or inspired you?

All the filmmakers with an artistic and pictorial approach to animation from Alexeieff to Toccafondo, McLaren, Caroline Leaf or Yuri Norstein… and not forgetting *Le Mystère Picasso* by Clouzot.

Vous et le festival d'Annecy… Un souvenir, une anecdote, un souhait ?

Trop de souvenirs pour n'en raconter qu'un ; trop de souhaits pour n'en formuler qu'un. Et une pirouette pour cette question !

You and the Annecy Festival… Do you have a particular memory, anecdote or wish?

Too many souvenirs to talk about just one; too many wishes to express only one... That's the way to wriggle out of that one!!

Qu'est-ce qui vous a amené à l'animation ? Pourquoi l'animation : une vocation ?

J'ai toujours été passionnée par l'animation. Cela m'a longtemps semblé être un rêve impossible, mes études ayant suivi un autre chemin, jusqu'au jour où Robert Lapoujade m'a conseillé de me lancer.

How did you get into animation? Why animation? Is it a vocation?

I've always had a passion for animation. It seemed like an impossible dream as my studies had gone in another direction, till one day Robert Lapoujade told me to take the plunge.

FLORENCE MIAILHE

FRANCE / FRANCE

Florence Miailhe est née en 1956 en France. En 1980, elle obtient un diplôme de l'École nationale supérieure des arts décoratifs, avec une spécialisation en gravure. Parallèlement à son activité de peintre, elle travaille en tant que maquettiste et illustratrice pour la presse, puis se tourne vers l'animation. Elle réalise un premier court-métrage en 1991, utilisant le pastel sur papier. Six autres courts-métrages suivront, mariant différentes techniques d'animation directe sous la caméra.

Florence Miailhe was born in France in 1956. After graduating from the École nationale supérieure des arts décoratifs in1980, she started out as a model maker and illustrator for the press then went on to animation. She made her first short drawn animation film in 1991, using pastels on paper. Six more films have followed combining different animation techniques created directly under the camera.

FESTIVAL D'ANNECY

Florence Miailhe fait partie du jury en 2001.

Florence Miailhe was a member of the jury

HAMMAM

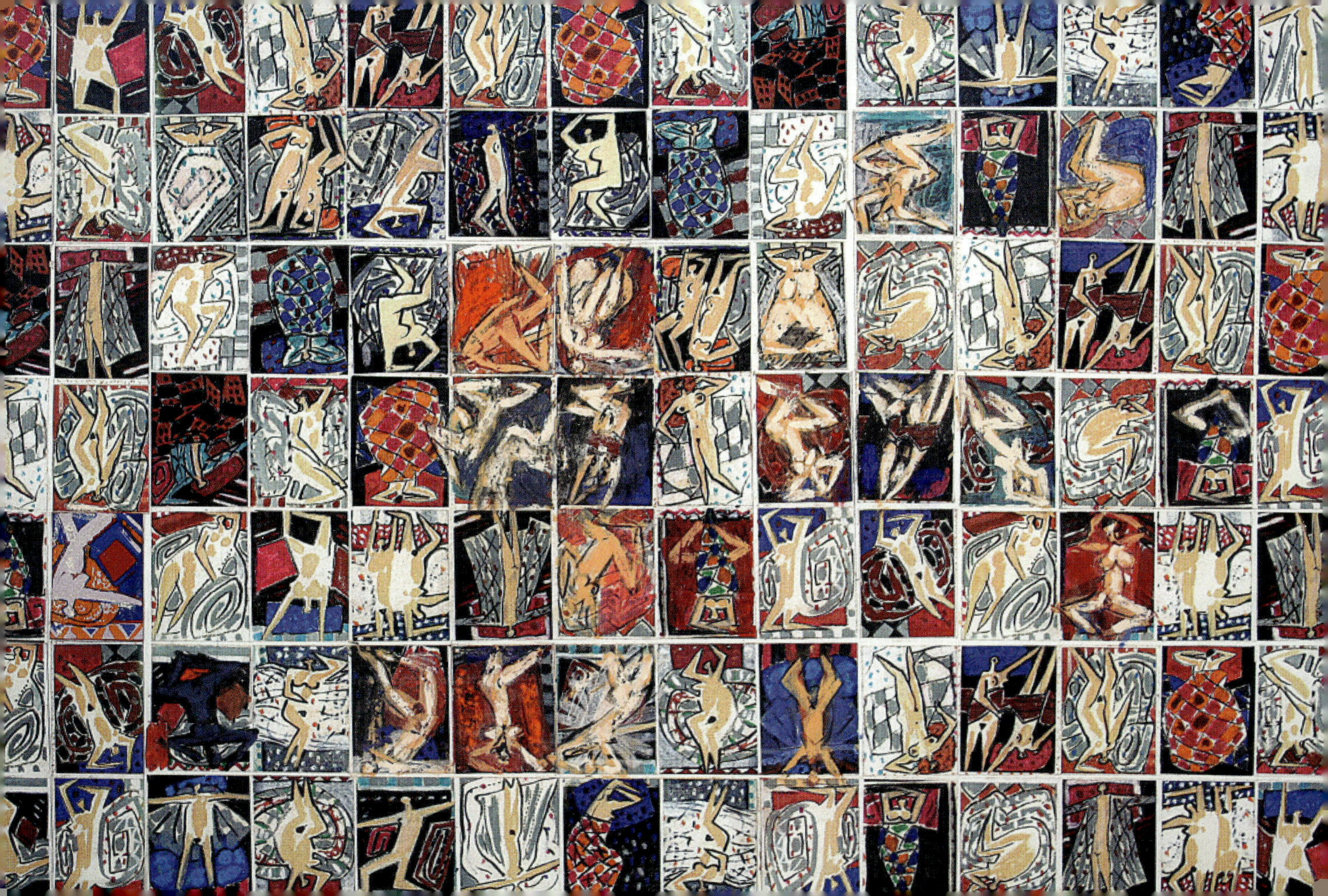

HAMMAM

HAMMAM

31

Quel film, quel auteur vous a marqué ou inspiré ?	*Which film, which filmmaker has impressed or inspired you?*
Impossible de répondre en ne citant qu'un film ou qu'une personne. Tex Driessen !	Impossible to reduce this answer to one film, or one person. Tex Driessen!

Vous et le festival d'Annecy… Un souvenir, une anecdote, un souhait ?	*You and the Annecy Festival… Do you have a particular memory, anecdote or wish?*
Rien ne peut arriver de mieux que de voir son film projeté sur un grand écran dans une salle de cinéma française aux fauteuils roses, remplie d'avions en papier et d'étudiants en délire.	Nothing could be better than having your film appear on a big screen, in a French cinema full of pink seats, paper airplanes and screaming students

Qu'est-ce qui vous a amené à l'animation ? Pourquoi l'animation : une vocation ?	*How did you get into animation? Why animation? Is it a vocation?*
Au cours de mes études pour devenir réalisateur de films en prises de vues réelles, j'ai fait un film d'animation qui allait, contre toute attente, devenir célèbre. L'animation vous permet de créer des univers entiers et de les peupler de personnages, comme si vous étiez un petit dieu. L'animation n'était pas ma vocation, mais elle est dans mes rêves, dans mes chaussures et dans ma nourriture.	By accident I created a famous animated film while studying to become a live-action film director. Animation allows you to create and populate entire worlds, like a little god. Animation is not my vocation; it is in my dreams, in my shoes and in my food.

MARV NEWLAND

CANADA / CANADA

Marv Newland est né aux États-Unis. Après des études d'art à Los Angeles, il réalise en 1969 un premier court-métrage d'animation, ainsi que plusieurs publicités destinées à la télévision. Il s'installe ensuite au Canada où il fonde la société de production International Rocketship Limited en 1975. Depuis, il dessine, anime et réalise des publicités, des séries et des courts-métrages, produits par sa propre maison, par Vinton Studios ou par l'Office national du film du Canada.

Marv Newland was born in the USA. After Art studies in Los Angeles, he made his first animated short in 1969 followed by a number of commercials for TV. He then moved to Canada where he founded the production company International Rocketship Limited in 1975. Since then he has been drawing, animating and directing commercials, series and shorts for his own company, for Vinton Studios or the National Film Board of Canada.

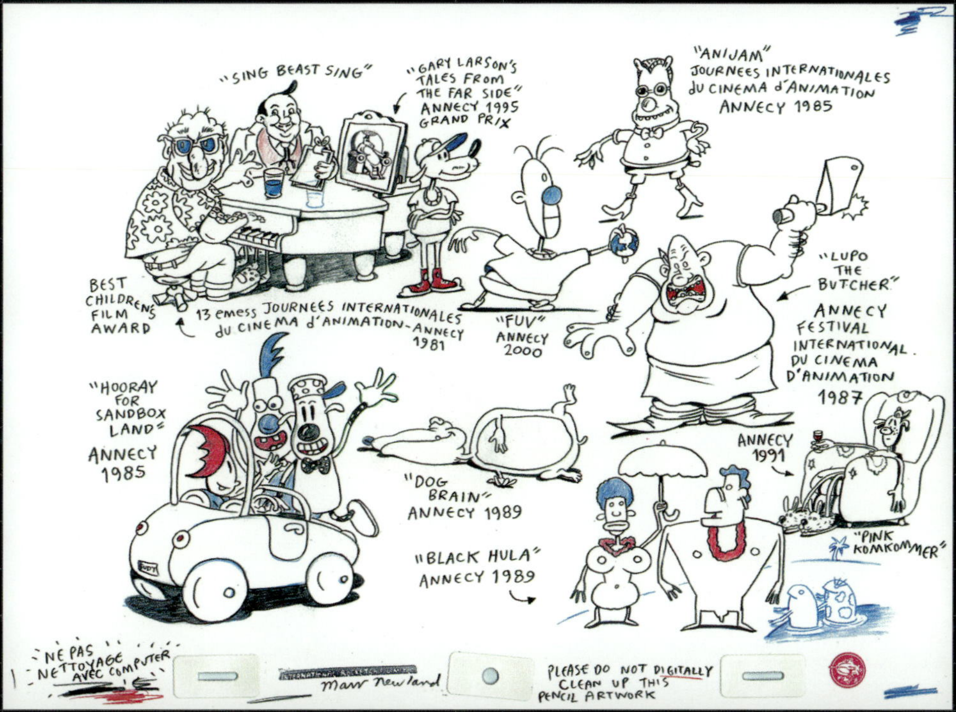

FESTIVAL D'ANNECY

Marv Newland obtient le prix du film pour enfants en 1981 pour *Chante, bête, chante*. *Gary Larson's Tales from the Far Side* est couronné par le Grand prix du film d'animation en 1995. Il est membre du jury en 2003.

Marv Newland received the children's film prize at Annecy 1981, for *Sing Beast Sing* and *Gary Larson's Tales from the Far Side* was awarded the Grand prix for best animated film in 1995. He was a member of the Annecy jury in 2003.

FILMS

Bambi Meets Godzilla (1969)
Black Hula (1988)
Gary Larson's Tales from the Far Side (1994)

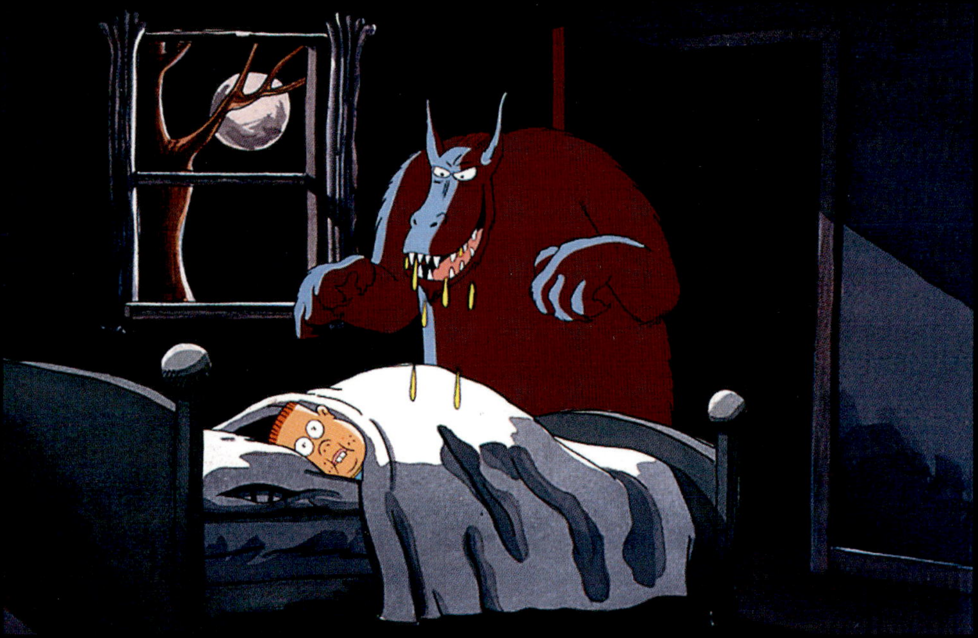

GARY LARSON'S TALES FROM THE FAR SIDE

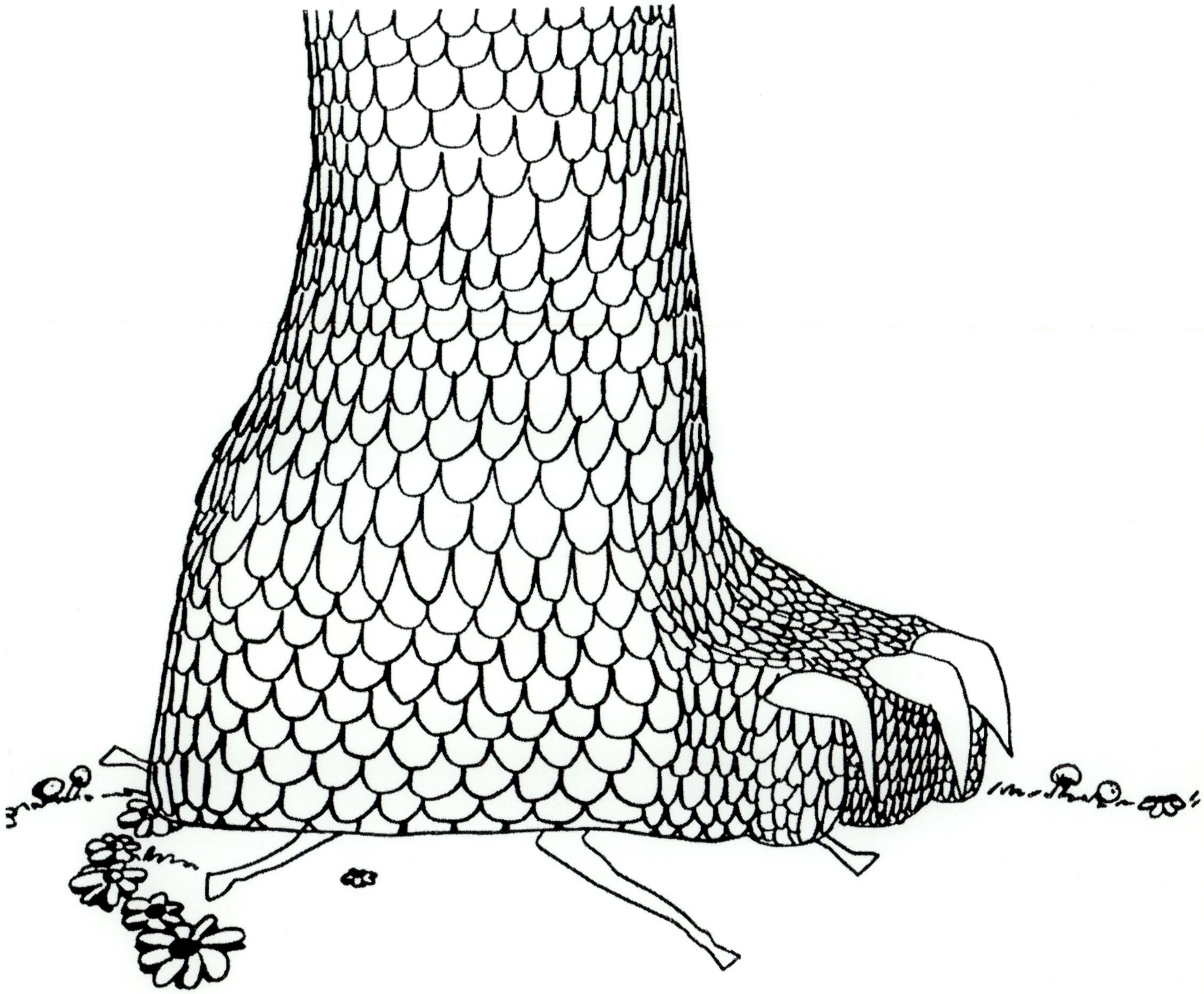

BAMBI MEETS GODZILLA

32

Vous et le festival d'Annecy… Un souvenir, une anecdote, un souhait ?

Pas assez de place pour répondre ! Toute ma vie de professionnel est passée par là, depuis mes laborieux débuts. De plus, j'ai fait partie du conseil d'administration du festival pendant bien des années, et aussi de celui de l'Asifa, dont je fus également président, ce qui m'a mis souvent dans des positions inconfortables. Désormais, je ne suis là que pour le plaisir, et mon souhait est simple : continuez à vous décarcasser pour un festival toujours sensationnel !

You and the Annecy Festival… Do you have a particular memory, anecdote or wish?

There's not enough space to answer! All my professional life is made up of it, right from my arduous beginnings. I was also on the Festival board for a number of years, as well as the Chairman of Asifa, which sometimes put me in an uncomfortable position. Now I'm only there for the pleasure, and my wish is a simple one: continue to strive for a festival that is always sensational!

Qu'est-ce qui vous a amené à l'animation ? Pourquoi l'animation : une vocation ?

Je suis venu à l'animation et je m'y suis préparé sans le savoir. J'ai toujours aimé dessiner, écrire, bricoler, jouer, faire jouer les autres, lire, dévorer avec les yeux, faire des cadeaux. Je continue, comme quand j'avais dix ans.

How did you get into animation? Why animation? Is it a vocation?

I came into animation and prepared for it without knowing. I always loved to draw, write, tinker around, play, get others to play, read, devour things with my eyes, give presents etc. I'm still doing it, like I did when I was 10.

Quel film, quel auteur vous a marqué ou inspiré ?

Mes plus anciens souvenirs sont *La Révolte des jouets* de Hermina Tyrlova (l'émerveillement devant cette magie de faire bouger tout seuls de vrais joujoux familiers) et, comme tout le monde, des films Disney (l'émerveillement devant la beauté du dessin, qui lui aussi bougeait !). Mais je n'ai jamais eu d'inspirateur particulier. C'est l'animation, sa diversité et son potentiel qui me faisaient vibrer.

Which film, which filmmaker has impressed or inspired you?

My oldest memories are from *The Revolt of the Toys* by Hermina Tyrlova (the amazement in seeing the magic way family toys were made to move by themselves) and, like many others, the Disney films (the amazement in seeing the beauty of a drawing that also moved!). But I've never had one particular person that has inspired me. It's the diversity and potentiality of animation that gives me a thrill.

MICHEL OCELOT

FRANCE / FRANCE

Michel Ocelot est né en France en 1943. Il s'installe à Paris après une enfance guinéenne. Graphiste, animateur, auteur et réalisateur, il consacre sa carrière au cinéma d'animation et à la création. Il réalise plus d'une dizaine de courts-métrages et de séries télévisées à partir des années 1970. Intéressé par l'univers du conte, il signe un premier long-métrage en 1998. Suivront trois autres longs-métrages, également réalisés à partir de ses propres scénarios et graphismes.

Michel Ocelot was born in France and spent much of his childhood in Guinea before moving back to Paris. This graphic designer, animator, writer and filmmaker has concentrated his career on animation and has made over a dozen short films and TV series since the seventies. He is particularly interested in animated fables and made his first feature animation in 1998. This was followed by three other features for which he designed the graphics and wrote the script.

FESTIVAL D'ANNECY

Michel Ocelot reçoit le prix d'une série pour la TV, en 1991, avec *Ciné-Si : Le Manteau de la vieille dame*, et le Grand prix du long-métrage pour *Kirikou et la Sorcière*, en 1999. Il est membre du jury en 1985 et 2001.

Micel Ocelot won the best TV series Award for *Ciné-Si : Le Manteau de la vielle dame* in 1991 and the feature Grand prix for *Kirikou and the Sorceress* in 1999. He was a jury member in 1985 and 2001.

FILMS

Kirikou et la Sorcière /
Kirikou and the Sorceress (1998)
Azur et Asmar (2006)
Dragons et Princesses (2010)

AZUR ET ASMAR

En haut / *Top*

LE PRINCE DES JOYAUX

En bas / *Bottom*

LA BELLE FILLE ET LE SORCIER

CINÉ SI

33

Vous et le festival d'Annecy…
Un souvenir, une anecdote, un souhait ?

Nick Park : Je me souviens comme d'un moment très important de l'année où j'ai fini mon film *Un mauvais pantalon*. Je l'ai apporté à Annecy directement depuis le laboratoire, et je l'ai montré à un public immense lors d'une séance en plein air, sur l'écran géant près du lac. C'était la première projection publique, et c'est resté un événement inoubliable, tellement touchant, grâce à ce public vraiment formidable. C'était une première idéale.

You and the Annecy Festival…
Do you have a particular memory, anecdote or wish?

Nick Park: One of the most important moments to me was when I had just finished *The Wrong Trousers*. I brought it straight to Annecy from the lab and showed it to a massive audience on the outdoor screen by the lake. This was its 1st public screening and it was such a touching and memorable occasion with such a lovely audience – a great premiere.

Qu'est-ce qui vous a amené à l'animation ? Pourquoi l'animation : une vocation ?

Nick Park : C'était un de mes passe-temps quand j'avais treize ans. J'adorais faire des bandes dessinées. Puis j'ai découvert qu'avec la caméra de mes parents on pouvait faire de l'animation image par image, alors j'ai essayé. L'animation est un support narratif génial. Est-ce que c'est une vocation ? Sans aucun doute : je vis et je respire grâce à l'animation et j'y pense jour et nuit. J'ai toujours des idées dans un coin de ma tête. C'est quelque chose qu'on doit faire pour le plaisir.

How did you get into animation? Why animation? Is it a vocation?

Nick Park: It was a hobby when I was 13. I loved drawing cartoons and then discovered that my parent's film camera did single frame animation, so had a go. Is it a vocation? Definitely – I live and breathe it and think about it day and night. I always have ideas in the back of my mind – it is something that you need to do for the love of it

Quel film, quel auteur vous a marqué ou inspiré ?

Nick Park : C'est impossible de se limiter à un seul nom ! Je suis influencé à la fois par les films en prises de vues réelles et par l'animation, de Hitchcock à Laurel et Hardy, de Tom et Jerry à Miyazaki… la liste est longue. Il me serait plus facile de dire par qui je n'ai pas été influencé !

Which film, which filmmaker has impressed or inspired you?

Nick Park: It's impossible to limit to one! I am influenced by live action and animation, from Hitchcock to Laurel and Hardy to Tom and Jerry to Miyazaki – the list is long. It's easier to say who I haven't be influenced by.

PETER LORD

ROYAUME-UNI
UNITED KINGDOM

Nick Park est né en Angleterre en 1958. Au cours de sa scolarité à la National Film and Television School de Beaconsfield, il entreprend la réalisation de son premier film, un court-métrage d'animation de pâte à modeler, qu'il termine quelques années plus tard chez Aardman Animations. Réalisateur et animateur, il participe à de nombreux longs-métrages, des séries pour la télévision, ainsi que des publicités et des vidéoclips.
Nick Park was born in England in 1958. While still studying at the National Film and Television School in Beaconsfield, he started making his first clay animated short that he later finished at the Aardman Animations Studios. He has since animated and directed numerous features, TV series, commercials and music videos.

Peter Lord est né en Angleterre en 1953. Il est toujours étudiant lorsqu'il coréalise avec David Sproxton son premier film d'animation, en 1970. Ensemble, ils fondent Aardman Animations, studio de production spécialisé en pâte à modeler, auquel viendra se greffer Nick Park. Peter Lord travaille à la réalisation et à l'animation de publicités, de séries et de vidéoclips ; il signe un long-métrage et plusieurs courts.
Peter Lord was born in England in 1953, and was still a student when he co-directed his first animated film with David Sproxton in 1970. The two went on to create Aardman Animations, a production studio specialised in clay animated films, and were later joined by Nick Park. He has a number of commercials, series and music videos to his name and has also directed a stop motion feature and many short films.

FESTIVAL D'ANNECY

Nick Park remporte le prix spécial du jury en 1989 pour *L'Avis des animaux*. Un an plus tard, il obtient le prix du film publicitaire pour *Heat Electric «Frank»* et *Heat Electric «Pablo»*, puis le prix du public en 1997 pour *Rasé de près*.
Nick Park was awarded the special jury prize at Annecy 1989 for *Creature Comforts*. A year later, he received the advertising film prize for *Heat Electric "Frank"* and *Heat Electric "Pablo"*, following on with the Audience Award for *A Close Shave* in 1997.

Peter Lord obtient le prix du film publicitaire en 1987 pour *The Guardian «Puppets»* et en 1989 pour *Lurpak «Hang Glider»*. Avec *Adam*, il reçoit le prix du public ainsi qu'une mention spéciale pour l'humour en 1993.
Peter Lord received the Advertising film prize in 1987 for *The Guardian "Puppets"* and once again in 1989 for *Lurpak "Hang Glider"*. He also won the Audience Award and a Special Mention for humour with the short film *Adam* at Annecy 1993.

FILMS

Nick Park :
Rasé de près / A Close Shave (1995)
Chicken Run (2001)
Wallace & Gromit : le Mystère du lapin garou / Wallace & Gromit: the Curse of the Were Rabbit (2005)
Peter Lord :
Adam (1991)
Le Cochon de Wat / Wat's Pig (1996)

WAL 1

CREATURE COMFORTS

Nick Park

CREATURE COMFORTS
Nick Park
© Photo Aardman Animations.

34

Vous et le festival d'Annecy…
Un souvenir, une anecdote, un souhait ?

J'ai un souvenir d'Annecy qui est à la fois le meilleur et le pire. En 1979, mon film *Après la vie* a remporté le Grand prix à Annecy. C'était vraiment très excitant. Mais quand j'ai reçu le trophée – un grand disque en bronze très beau sur lequel Trnka était représenté –, il a glissé de sa boîte et a roulé comme un pneu sur la scène, jusque dans le public. J'étais terriblement gêné de l'avoir fait tomber. Mais ça a fait rire tout le monde, donc tout s'est bien terminé. Je souhaite longue vie au festival d'Annecy, pour le bien des cinéastes d'animation en herbe, et pour que l'histoire de l'animation continue.

You and the Annecy Festival…
Do you have a particular memory, anecdote or wish?

My greatest and worst Annecy memory is the same. In 1979 my film *Afterlife* won the Grand prix at Annecy. What a thrill. But when I accepted the award – a large, beautiful bronze disk with the image of Trnka on it – the disk slipped out of its case and rolled like a tyre across the stage and into the audience. I was terribly embarrassed for having dropped it. But everyone laughed, so it was really OK. I wish the Annecy Festival a long future for the sake of new aspiring animation filmmakers, and to maintain the history of animation.

Quel film, quel auteur vous a marqué ou inspiré ?

Norman McLaren bien sûr… dès que j'ai vu ses films, à dix-neuf ans, quand j'étais étudiant. Une fois adulte, j'ai travaillé à l'Office national du film du Canada, et je me suis retrouvé à déjeuner avec lui à la cafétéria et à pousser sa voiture pour la dégager de la neige. C'était vraiment miraculeux !

Which film, which filmmaker has impressed or inspired you?

Of course it was Norman McLaren from the first moment I saw his films when I was a 19-year-old student. Then, as an adult, I came to the NFB and found myself eating lunches with him at the cafeteria and pushing his car out of snowdrifts. It was quite a miraculous circle really!

Qu'est-ce qui vous a amené à l'animation ?
Pourquoi l'animation : une vocation ?

Au cours de ma deuxième année d'études en beaux-arts à la MS University de Baroda, en Inde, j'ai vu les films réalisés par Norman McLaren pour l'Office national du film du Canada, et j'ai été émerveillé par le fait qu'un seul artiste puisse faire des films d'animation magnifiques, sans avoir besoin d'être entouré d'une foule de gens dans un studio. J'ai gardé ce rêve en moi jusqu'à ce que je parvienne à me frayer un chemin dans le monde de l'animation. J'ai toujours été un penseur visuel, même lorsque j'étais enfant dans mon village. Ma tête fourmillait d'images. Découvrir qu'il existait un moyen de les animer et de les utiliser pour raconter des histoires était simplement irrésistible pour moi. Rien ne pouvait davantage m'intéresser. Je crois que, dans mon cas, c'était une vocation. J'ai étudié au National Institute of Design en Inde, où j'ai reçu une formation de graphiste, j'ai fait du dessin, de la photo, etc. Mais mon plus grand bonheur était de pouvoir donner vie aux images que j'avais dans la tête grâce au mouvement et à la musique.

How did you get into animation? Why animation?
Is it a vocation?

In my second year of Fine Arts study at the MS University of Baroda in India, I saw National Film Board of Canada films by Norman McLaren and was amazed that such beautiful animated films could be made by a single artist, rather than a studio of many people. I always kept that dream with me until I could forge a pathway to animation myself. I was a visual thinker from the time I was a young kid in my village. My head was full of images. To discover that there was a way to make them move and tell a visual story was just irresistible to me. There was nothing better. I guess in my case it was a vocation. I was apprenticed at the National Institute of Design in India and trained as a graphic artist, did exhibition design, photography, etc. But my only satisfaction came from revealing the images in my head through movement and music.

ISHU PATEL

CANADA / CANADA

Ishu Patel est né en Inde en 1940. Après des études d'art et de design graphique en Inde et en Suisse, il entre à l'Office national du film du Canada en 1970 où, un an plus tard, il réalise son premier film. Reconnu notamment pour son travail technique avec la pâte à modeler, utilisée à plat et rétroéclairée, il œuvre également pour la chaîne japonaise NHK et la chaîne anglaise Channel Four. Il possède aujourd'hui son propre studio, Image par Image.

Ishu Patel was born in India in 1940. After studies in Art and Graphic Design in India and Switzerland, he joined the National Film Board of Canada in 1970, where, a year later, he made his first film. Recognised for his technique with clay, often using it flat and underlit, he has also worked with the Japanese and British channels NHK and Channel Four. He now has his own studio, Image par Image.

FESTIVAL D'ANNECY

Ishu Patel obtient le Grand prix du festival en 1979 pour *Après la vie* et le prix spécial du jury en 1985 pour *Paradis*. Il reçoit une mention spéciale pour *Destin divin* en 1995.

Ishu Patel was awarded the Grand prix at Annecy 1979 for *Afterlife*, the special jury prize for *Paradise* in 1985 and received a Special Distinction for *Divine Fate* in 1995.

FILMS

Histoire de perles / Bead Game (1977)
Après la vie / Afterlife (1978)
Paradis / Paradise (1984)

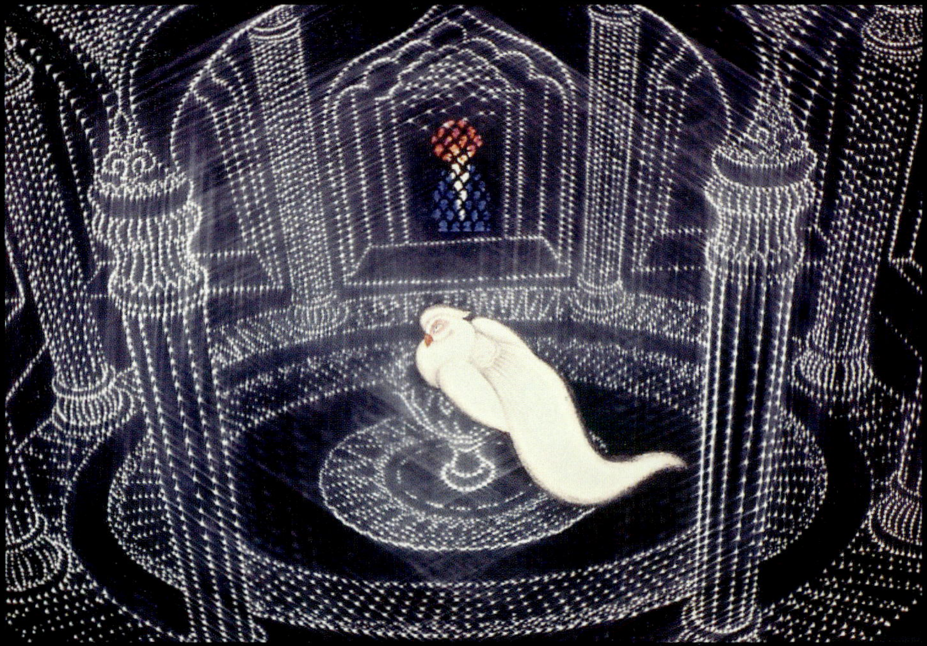

BEAD GAME

DIVINE FATE

35

Quel film, quel auteur vous a marqué ou inspiré ?

J'ai ma petite liste de films d'animation préférés, mais je crois que si je devais choisir un seul film, je choisirais *Possibilités du dialogue* de Jan Švankmajer. C'est un film que n'a pas besoin de mots, au sens littéral du terme…

Which film, which filmmaker has impressed or inspired you?

I've got a little list of favourite films, but if I had to pick one, I'd choose *Dimensions of Dialogue* by Jan Švankmajer. It's a film that quite literally doesn't need words…

Vous et le festival d'Annecy… Un souvenir, une anecdote, un souhait ?

Moi et Annecy… Il y a un lien pour toujours, quoi qu'il arrive. Un souhait ? Que le festival reste fidèle à l'art de d'animation et ne se laisse pas contaminer par les pressions commerciales. Et, bien sûr, fêter ses cent ans !

You and the Annecy Festival… Do you have a particular memory, anecdote or wish?

Me and Annecy… there will always be a connection, whatever. A wish? That the Festival remains faithful to the art of animation and doesn't allow itself to get contaminated by commercialism; And, of course, celebrate its 100 years!

Qu'est-ce qui vous a amené à l'animation ? Pourquoi l'animation : une vocation ?

Quand j'étais petite, mon oncle dessinait avec du charbon sur les murs et les portes de la maison de ma grand-mère. Ça nous donnait un sentiment de liberté car nous n'avions ni papier ni crayons, mais il y avait toujours les murs et les portes. Peut-être cela m'a-t-il inconsciemment influencée car, par la suite, j'ai réalisé des films en gravure. Au départ, je n'ai pas choisi l'animation, c'est elle qui m'a trouvée… Mais une fois dedans, il est difficile de s'en débarrasser, même quand on n'est pas très doué : c'est tellement chouette de regarder les images bouger ! C'est pour ça qu'on se retrouve tous chaque année à Annecy, non ?

How did you get into animation? Why animation? Is it a vocation?

When I was a child, my uncle drew on the walls and doors of my grandmother's house with charcoal. This gave us a great sense of freedom because we didn't have paper and pencils, but we always had walls and doors. Maybe unconsciously that influenced me, as later on, I started to make films using engraving. In the beginning, I didn't choose animation, it chose me… But once you're in it, it's difficult to get out of it, even if you aren't particularly gifted; it's so great to see pictures moving! That's why we all meet up in Annecy each year, isn't it?

REGINA PESSOA

PORTUGAL / PORTUGAL

Regina Pessoa est née au Portugal en 1969. Elle entre au studio de production Filmógrafo en 1992, où elle participe à l'animation et à la scénarisation de plusieurs films. Parallèlement, elle collabore à divers ateliers, dont Cinanima 92 et Cartoon Master 95, et obtient un diplôme de la faculté des beaux-arts de l'université de Porto en 1998. L'année suivante, elle réalise son premier court-métrage, utilisant la gravure sur plaques de plâtre. Elle réalise un deuxième court-métrage en 2005.
Regina Pessoa was born in Portugal in 1969. She joined the Filmógrafo studio in 1992 and worked on the animation and design of a number of films. At the same time she took part in several workshops including Cinanima 92 and cartoon Master 95, and graduated in Fine Arts from the University of Porto in 1998. The following year, she made her first short film using engraving on plaster plates. She made her second short film in 2005.

FESTIVAL D'ANNECY

Regina Pessoa obtient le Cristal en 2006 pour *Histoire tragique avec fin heureuse*. Elle est membre du comité de sélection en 2004.
Regina Pessoa won the short film Cristal for *Tragic Story with Happy Ending* in 2006. She was a member of the selection committee in 2004.

FILMS

La Nuit / The Night (1999)
Histoire tragique avec fin heureuse /
Tragic Story with Happy Ending (2005)

TUM
TUM

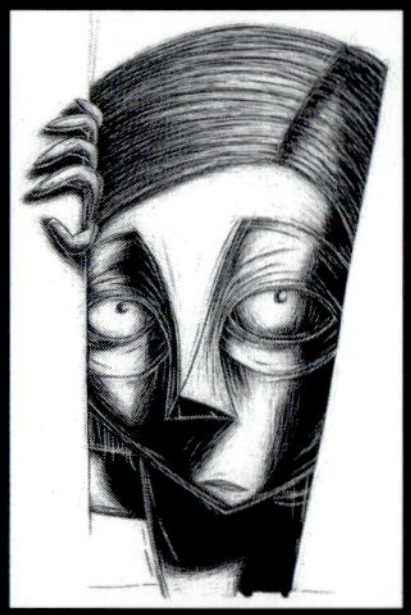

HISTORIA TRÁGICA COM FINAL FELIZ

HISTORIA TRÁGICA COM FINAL FELIZ

© Folimage, ONF, Ciclope Filmes.

36

Vous et le festival d'Annecy… Un souvenir, une anecdote, un souhait ?	*You and the Annecy Festival… Do you have a particular memory, anecdote or wish?*
Je savais que le festival d'Annecy était le plus emblématique et qu'il attirait beaucoup de monde. Je savais aussi que c'était l'un des festivals les plus anciens, mais j'ai été surpris d'apprendre qu'il existait depuis déjà cinquante ans. C'est toute une vie ! Il est difficile de se représenter toutes les personnes et tous les films qui ont participé à cette vie, comme il est difficile de réaliser à quel point les priorités et les technologies ont changé depuis les débuts. Je voudrais féliciter le festival pour ce jubilé, et célébrer avec gratitude la mémoire de ceux qui ont fondé ce petit événement, devenu un forum international.	I know that the Annecy Festival is the most representative and draws a large crowd. I also know that it is one of the oldest festivals. But I'm surprised that it is already 50 years old. It's a life time. It is hard to imagine how many people and films have been part of this life and how priorities and technologies have changed. I would like to congratulate the Festival on this great jubilee and thankfully remember those who founded a small festival which has become an international forum.

Qu'est-ce qui vous a amené à l'animation ? Pourquoi l'animation : une vocation ?	*How did you get into animation? Why animation? Is it a vocation?*
Je fais de l'animation depuis la fin de mes études à l'Institut cinématographique de Moscou, en 1981. À l'origine, j'étais directeur artistique. J'ai exercé cette profession pendant quelques années sur les projets de mes amis réalisateurs, et cela me plaisait. J'ai ensuite décidé de devenir moi-même cinéaste, et depuis plus de vingt ans, je travaille sous ma propre supervision… Cet aspect-là me plaît moins, mais maintenant il est trop tard pour changer !	I have been creating animation since 1981 after the graduating from the Moscow Flm Institute. My initial profession was Art Director and for a couple of year I worked on projects of my director friends, which I enjoyed. But then I decided to become a director myself, and for over 20 years I've been under the control of… myself. This I like less, but it's too late to change now!

Quel film, quel auteur vous a marqué ou inspiré ?	*Which film, which filmmaker has impressed or inspired you?*
Je dois évidemment citer Youri Norstein et Frédéric Back. L'art de ces deux cinéastes a enrichi le langage de l'animation et l'a orienté dans une direction inédite que j'essaie de suivre : le cinéma poétique.	I always have to mention Yuri Norstein and Frédéric Back. The art of these two have enriched the language of animation and created a new direction – poetic cinema – which I try to follow.

ALEXANDER PETROV

RUSSIE / RUSSIA

Alexander Petrov est né en Russie en 1957. Après des études de peinture et de design à l'école des beaux-arts de Yaroslavl, sa ville natale, il rejoint l'Institut cinématographique de Moscou. Réalisateur d'un premier court-métrage en 1989, il est remarqué grâce à sa technique unique de peinture à l'huile sur verre. Il signe plusieurs courts-métrages d'animation en Russie, puis s'installe au Canada de 1996 à 1999, travaillant à la réalisation du premier court-métrage d'animation conçu en grand format.

Alexander Petrov was born in Russia in 1957. After studies in painting and design at the Art Institute in his hometown of Yaroslavl, he entered the Cinematographic Institute in Moscow. He made his first short film in 1989, and his work was widely acclaimed especially for the unique technique of oil painting on glass. He continued to make short films in Russia then moved to Canada to work on the first large format animated short from 1996 to 1999.

FESTIVAL D'ANNECY

Alexander Petrov obtient le prix du court-métrage en 1993 pour *Le Songe d'un homme ridicule* ; le prix spécial du jury et le prix du ministère de l'Agriculture, de la Pêche et de l'Alimentation, en 1997, avec *La Sirène* ; le Grand prix du court-métrage et le prix du public pour *Le Vieil Homme et la Mer*, en 2000.

Alexander Petrov was awarded the short film prize in 1993 for *The Dream of a Ridiculous Man*, the special jury prize and the Ministry for Agriculture Award for *The Mermaid* in 1997 and the Grand prix and Audience Award for *The Old Man and the Sea* at Annecy 2000.

FILMS

Le Songe d'un homme ridicule /
The Dream of a Ridiculous Man (1992)
La Sirène / The Mermaid (1996)
Le Vieil Homme et la Mer /
The Old Man and the Sea (1999)

37

Quel film, quel auteur vous a marqué ou inspiré ?	*Which film, which filmmaker has impressed or inspired you?*
Beaucoup de films m'ont inspiré, notamment *Dumbo*, *Song of the South*, *Mind Games*, *Red Hot Riding Hood*, *Yellow Submarine*, *Do It Yourself Cartoon Kit* de Bob Godfrey et *Sing Beast Sing* de Marv Newland. Parmi les artistes ou cinéastes : Walt Disney, Tex Avery, Bob Clampett, Frank Capra, Elia Kazan, Quentin Tarantino, Peter Jackson, R. Crumb, Charles Addams, Saul Steinberg, Oscar Grillo, Peter de Sève, Milton Glaser, Tomi Ungerer, Roland Topor, Jacques Tati, Winsor McCay, Milt Kahl, Carlos Nine... La liste est infinie.	Many inspiring films include, *Dumbo*, *Song of the South*, *Mind Games*, *Red Hot Riding Hood*, *Yellow Submarine*, *Do It Yourself Cartoon Kit* by Bob Godfrey, and *Sing Beast Sing* by Marv Newland. The inspiring artists or filmmakers include, Walt Disney, Tex Avery, Bob Clampett, Frank Capra, Elia Kazan, Quentin Tarantino, Peter Jackson, R. Crumb, Charles Addams, Saul Steinberg, Oscar Grillo, Peter de Sève, Milton Glaser, Tomi Ungerer, Roland Topor, Jacques Tati, Winsor McCay, Milt Kahl, Carlos Nine… the list goes on and on.

Qu'est-ce qui vous a amené à l'animation ? Pourquoi l'animation : une vocation ?	*How did you get into animation? Why animation? Is it a vocation?*
Très jeune, à l'âge de cinq ou six ans, je voulais déjà devenir animateur. À l'époque où je suis entré à l'université, il n'y avait pas d'école d'animation, alors je me suis installé à New York après mes études pour devenir illustrateur. Ce n'est qu'en 1983 que j'ai eu l'occasion de réaliser un film, *Boomtown*, avec l'aide de Connie D'Antuono. Après le succès de *Boomtown*, j'ai réalisé mon premier film personnel, *Ton Visage*. Il a rencontré un succès international et j'ai alors quitté mon travail d'illustrateur.	At the very young age of 5 or 6 I decided I wanted to be an animator but there were no animation schools when I went to college, so I moved to New York City after graduation from college to be an illustrator. It wasn't until 1983 that I got the opportunity to make a film called *Boomtown* and a woman named Connie D'Antuono showed me how to make a film. After the success of *Boomtown* I made my own film called *Your Face*. That became an international success and I quit my occupation as an illustrator.

Vous et le festival d'Annecy… Un souvenir, une anecdote, un souhait ?	*You and the Annecy Festival… Do you have a particular memory, anecdote or wish?*
Un de mes très bons souvenirs, parmi tant d'autres, est le suivant. Mon film nominé aux Oscar, *Guard Dog,* n'étant pas sélectionné à Annecy, mon ami animateur Pat Smith et moi avons décidé d'organiser « Annecy + », un festival parallèle pour les films refusés à Annecy. Je pense que c'était la deuxième année, quand le Platform Festival nous a financés. C'était une belle soirée dans le jardin d'un bar et nous avons projeté les films sur un grand mur d'immeuble. Les films étaient excellents ! Tout le monde était ivre ; Nik Phelps et son groupe ont joué pour nous, et le maestro en personne, Serge Bromberg, est venu dire quelques mots. Il y avait plus de mille personnes dans le jardin. C'était une séance de projection d'animation idéale, et c'est cela qui rend Annecy formidable.	My favourite memory, one of many: After the failure of my Oscar nominated *Guard Dog* to gain a slot in the Annecy Festival, fellow animator Pat Smith and I over drinks decided to organise "Annecy +", a concurrent festival for rejected films of Annecy. I think it was the second year when the Platform Festival sponsored us. It was a beautiful night in a beer garden and we projected the films on a large apartment wall. The films were great! Everyone got drunk; we had live music by Nik Phelps and his band and even the Maestro himself, Serge Bromberg, came by to make a speech. We had over 1,000 people crammed into the garden space. That was the perfect animation screening and that's what makes Annecy great!

BILL PLYMPTON

ÉTATS-UNIS / USA

Bill Plympton est né aux États-Unis en 1946. Installé à New York en 1968, il y poursuit des études à la School of Visual Arts, puis entame une première carrière d'illustrateur et de caricaturiste pour plusieurs grands journaux et magazines. En 1983, il anime son premier court-métrage, et devient réalisateur deux ans plus tard. Depuis, il travaille à des courts et longs-métrages, ainsi qu'à des publicités pour la télévision.

Bill Plympton was born in the USA in 1946. He moved to New York in 1968, where he studied at the School of Visual Arts, then started out as an illustrator and cartoonist for several big magazines. He animated his first short film in 1983 and became a director two years later. Since then, he has worked on many shorts and features and commercials for TV.

FESTIVAL D'ANNECY

Bill Plympton est récompensé par le prix du public en 1989, pour *25 façons d'arrêter de fumer*, et le prix du film publicitaire, en 1991, pour *Trivial Pursuit «Metamorphosis»*. Il reçoit le Grand prix du long-métrage, respectivement en 1998 et en 2001, pour *L'Impitoyable Lune de miel !*, puis pour *Les Mutants de l'espace*. Il obtient une mention spéciale pour son long-métrage *Des idiots et des anges*, en 2008. Il fait partie du jury du Festival en 2003.

Bill Plympton received the Audience Award at Annecy 1989 for *25 Ways to Quit Smoking* and the advertising film prize for *Trivial Pursuit "Metamorphosis"* in 1991. He was awarded the feature Grand prix in both 1998 and 2001 for *I Married a Strange Person!* and *Mutant Aliens* then received a Special Distinction for his feature *Idiots and Angels* in 2008. He was a jury member at Annecy 2003.

FILMS

L'Impitoyable Lune de miel ! /
I Married a Strange Person! (1997)
Les Mutants de l'espace / Mutant Aliens (2001)
Guard Dog (2004)

38

Vous et le festival d'Annecy… Un souvenir, une anecdote, un souhait ?	*You and the Annecy Festival… Do you have a particular memory, anecdote or wish?*
Le festival d'Annecy m'a donné la possibilité de connaître les grands animateurs du monde et leurs œuvres, et de les rencontrer régulièrement.	The Annecy Festival has given me the possibility to get to know the greatest animators in the world and their work, and meet up with them regularly.

Quel film, quel auteur vous a marqué ou inspiré ?	*Which film, which filmmaker has impressed or inspired you?*
Plus tard, lorsque j'ai commencé à animer les marionnettes aux côtés de Jiří Trnka, je me suis passionné pour ce travail.	Later on, when I began animating puppets with Jiří Trnka, I developed a passion for the work.

Qu'est-ce qui vous a amené à l'animation ? Pourquoi l'animation : une vocation ?	*How did you get into animation? Why animation? Is it a vocation?*
Après l'école, par hasard, j'ai trouvé un emploi dans un studio de dessin animé.	After school, by chance, I found a job in an animation studio.

BŘETISLAV POJAR

RÉPUBLIQUE TCHÈQUE
CZECH REPUBLIC

Břetislav Pojar est né en 1923 en Tchécoslovaquie (aujourd'hui République tchèque). Il fait ses débuts en animation chez AFIT à Prague, puis rejoint le studio de Jiří Trnka, avec qui il travaille étroitement. À partir de 1950, il réalise ses propres films, animation de marionnettes et d'éléments découpés, entre autres pour l'Office national du film du Canada. Parallèlement à sa carrière de cinéaste, il se consacre à l'enseignement.

Břetislav Pojar was born in Czechoslovakia (now the Czech Republic) in 1923. He began his career in animation working at AFIT in Prague, then joined the studio owned by Jiří Trnka and continued to work in close collaboration with him. He started making his own puppet and cut-out films in the 50s, especially with the NFB and also mixes his filmmaking with teaching.

FESTIVAL D'ANNECY

Břetislav Pojar reçoit le Grand prix du Festival en 1960 pour *Le Lion et la Chanson*. Il fait partie du jury en 1962 et en 1997

Břetislav Pojar received the Annecy Grand prix for *The Lion and the Song* in 1960 and was a member of the jury in 1962 and 1997.

FILMS

Le Lion et la Chanson /
The Lion and the Song **(1959)**

39

Quel film, quel auteur vous a marqué ou inspiré ?

Beaucoup, beaucoup de gens et de films m'ont inspirée. Mes premières influences ont été Mark Baker, dont les films m'ont appris le sens du rythme, Caroline Leaf pour sa passion et sa sensibilité, Bill Plympton pour son énergie et son génie du dessin, Tex Avery pour son brio et son humour. Certains films m'ont fait pleurer, comme *Entre deux sœurs* de Caroline Leaf et, plus récemment, *Who I Am and What I Want*, de Chris Shepherd et David Shrigley, mais là, je pleurais de rire.

Which film, which filmmaker has impressed or inspired you?

Many, many people and films have inspired me. My early influences were Mark Baker whose films taught me about timing, Caroline Leaf for her passion and sensitivity, Bill Plympton for his energy and great drawing, Tex Avery for his brilliance and humour. Films that have made me cry are Caroline Leaf's *Two Sisters* and more recently *Who I Am and What I Want* by Chris Shepherd and David Shrigley, but in this case they were tears of laughter.

Qu'est-ce qui vous a amené à l'animation ? Pourquoi l'animation : une vocation ?

Je suis venue à l'animation à l'université, où j'étudiais le graphisme. On nous a fait découvrir l'animation la première année et ça a été comme une révélation pour moi. Je n'avais jamais pensé que ça pouvait devenir mon métier ! L'animation est le moyen d'expression parfait à mes yeux parce qu'elle associe mes deux grandes passions : dessiner et raconter des histoires. Quand j'étais jeune, je n'aimais rien tant que rester assise seule dans ma chambre, à dessiner. Je passais des heures et des heures à couvrir de dessins des blocs de papier. Mon ambition, quand j'avais environ dix ans, était d'aller en prison, pour pouvoir dessiner jour et nuit, sans faire de pause ! J'étais une animatrice obsessionnelle en herbe ! J'ai la chance de gagner ma vie grâce à l'animation, mais même si ce n'était pas le cas, animer serait une nécessité pour moi. C'est quand je suis assise à ma table lumineuse, que je fais des grimaces devant un miroir pour insuffler vie et humour à un personnage, que je suis la plus heureuse. RIEN ne peut rivaliser avec ça.

How did you get into animation? Why animation? Is it a vocation?

I got into animation at college where I was on a graphic design course. We were introduced to it in the first year and it was like a revelation to me, I had never thought of animation as a possible career! Animation is the perfect medium for me because it combines my two great loves...drawing and telling stories. When I was young there was nothing I'd love more than sitting alone in my bedroom drawing. I would spend hours and hours filling pad after pad. My ambition when I was about 10 was to go to prison because then I could just draw all day and night without a break! An obsessive animator in the making! I am lucky enough to earn a living from animation but even if I wasn't, I would still need to animate. I'm happiest when I'm sat at my lightbox, pulling faces in a mirror and breathing life and humour into a character. NOTHING beats it.

Vous et le festival d'Annecy… Un souvenir, une anecdote, un souhait ?

Comme tous ceux qui sont déjà venus à Annecy, j'ai plein de souvenirs merveilleux : le soleil, le lac, les films, la cuisine, le vin et les amis. Mon premier souvenir est lié à mon film *Les Copines en soirée.* Ce n'était pas seulement ma première venue à Annecy, c'était aussi mon premier festival ! Mon film devait être projeté vers la fin du festival, j'ai donc passé la plus grande partie de la semaine un peu perdue et intimidée, sauf quand j'étais avec ma compagne de chambre, Candy Kugel. Mais une fois que mon film a été projeté, j'ai été accueillie à bras ouverts dans la très chaleureuse communauté internationale de l'animation. Mon deuxième souvenir nous projette vingt ans plus tard, quand j'ai appris que mon film *Rêves et Désirs - Liens de famille* était sélectionné pour la compétition. J'avais passé beaucoup de temps à attendre puis à faire le film. J'ai été tellement soulagée lorsque j'ai réalisé que j'étais enfin de nouveau une cinéaste !

You and the Annecy Festival… Do you have a particular memory, anecdote or wish?

Like everybody who has been to Annecy, I have lots of wonderful memories - the sun, the lake, films, food, wine and great company. Probably the most vivid memory was when I came for the first time with my film *Girls' Night Out.* Not only was it my first Annecy, it was also my first festival! My screening was towards the end of the week so I spent most of the week feeling a little bit lost and in awe, except when I was hanging out with my room-mate Candy Kugel. However once my film was shown, I was welcomed open armed into the wonderfully warm, international animation community. Fast forward 20 years and my second vivid memory was finding out my film *Dreams and Desires - Family Ties* got into competition. It was a long time in the waiting and making, so I was overwhelmed with a sense of relief that I was finally a film maker again!

JOANNA QUINN

ROYAUME-UNI
UNITED KINGDOM

Joanna Quinn est née en Angleterre en 1962. Au cours de ses études en design graphique, elle décide de mettre ses dessins au crayon au service de l'animation. En 1985, elle est cofondatrice de Beryl Productions avec l'auteur et producteur Les Mills. Depuis, elle partage ses activités professionnelles entre réalisation et production de séries, de courts-métrages de fiction et de publicités pour la télévision.

Joanna Quinn was born in England in 1962. She discovered animation while studying Graphic Design and decided to use the medium for her pencil drawings. In 1985, she cofounded Beryl Productions with writer and producer Les Mills and since then has divided her time between making and producing series and shorts and TV commercials.

FESTIVAL D'ANNECY

En 1987, elle obtient le second prix spécial du jury, le prix Mellow Manor et le prix Ufoleis pour *Les Copines en soirée*. *Famous Fred* est couronné par le Grand prix du film TV en 1997. En 2006, elle remporte le prix spécial du jury, le prix du public et le prix Fipresci pour *Rêves et Désirs – Liens de famille*. Elle fait partie du jury en 2007.

She received the second special jury prize, the Mellow Manor prize and the Ufoleis prize for *Girls' Night Out* at Annecy 1987. *Famous Fred* was rewarded with the TV film Grand prix in 1997 and she won the special jury prize, the Audience Award and the Fipresci prize for *Dreams and Desires – Family Ties in* 2006. She was a member of the Annecy jury in 2007.

FILMS

Les Copines en soirée / Girls' Night Out (1986)
Famous Fred (1996)
Rêves et Désirs – Liens de famille /

DREAMS AND DESIRES – FAMILY TIES

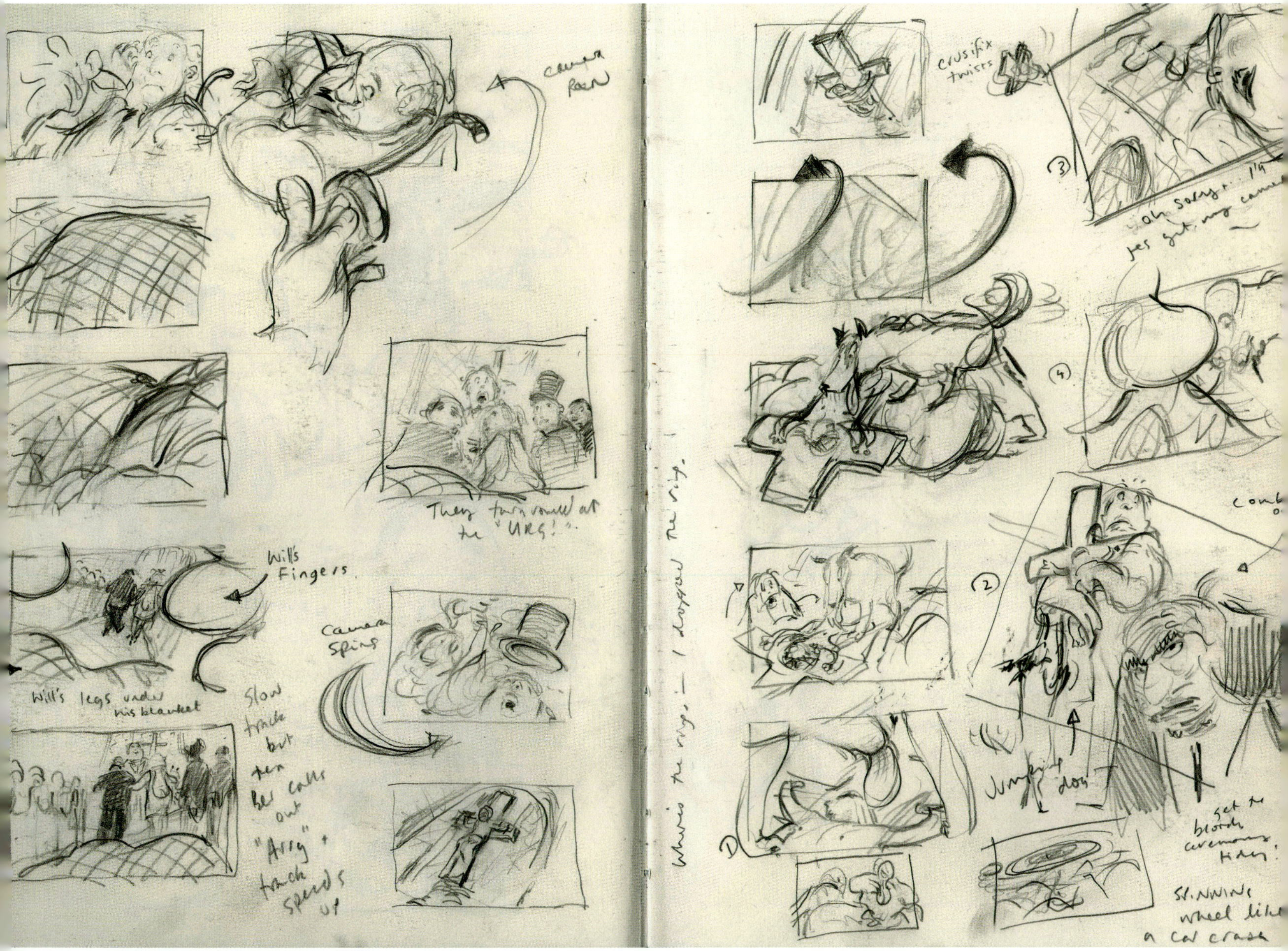

DREAMS AND DESIRES – FAMILY TIES

© Beryl Productions International, LTD, scénarimage, courtoisie Joanna Quinn

© Beryl Productions International, LTD, storyboard, courtesy of Joanna Quinn.

40

Quel film, quel auteur vous a marqué ou inspiré ?

J'ai toujours été inspiré par les films de Charlie Chaplin, parce qu'ils étaient ce qu'il y a de plus proche de l'animation. Il était capable de faire vivre un personnage drôle, avec beaucoup de cœur, sans paroles, juste par son jeu. C'est un modèle parfait pour la comédie physique.

Which film, which filmmaker has impressed or inspired you?

I was always inspired by Charlie Chaplin movies because they were the closest thing to animation. Without words, just with acting, he was able to create a funny character with a lot of heart. He is the perfect template for physical comedy.

Vous et le festival d'Annecy… Un souvenir, une anecdote, un souhait ?

Annecy est l'un de mes festivals préférés. Il sera toujours dans mon cœur. J'ai de très bons souvenirs de salles de projection en ébullition, avec des avions en papier qui volent dans tous les sens. Je me souviendrai toujours de la projection en plein air de *L'Âge de glace 2*, devant des milliers de personnes, c'est un moment inoubliable.

You and the Annecy Festival… Do you have a particular memory, anecdote or wish?

Annecy is one of my favourite festivals I will always have it close to my heart. I have great memories of being in the screening rooms filled with excitement and paper airplanes flying around. I will always remember the time when we had a screening of *Ice Age: the Meltdown* outside with thousands of people. It was unforgettable.

Qu'est-ce qui vous a amené à l'animation ? Pourquoi l'animation : une vocation ?

Dès que j'ai su me servir d'un crayon, j'ai dessiné. J'ai toujours adoré ça. Et j'adore les ordinateurs. Alors, quand j'ai découvert que l'animation permettait de combiner les deux, j'ai su quelle était ma véritable vocation.

How did you get into animation? Why animation? Is it a vocation?

Since I was able to pick up a pencil and do something with it I always loved to draw and I loved computers. When I saw the possibility of merging those two skills; doing animation, I found my true calling.

CARLOS SALDANHA

ÉTATS-UNIS / BRÉSIL
USA / BRAZIL

Carlos Saldanha est né à Rio de Janeiro en 1968. Il entame une carrière dans l'informatique au Brésil, puis part s'installer à New York pour se consacrer à sa véritable passion, l'art de l'animation. En 1993, tout juste diplômé de la School of Visual Arts, avec deux courts-métrages remarqués, il rejoint Blue Sky Studios en tant qu'animateur superviseur. Puis il passe à la réalisation, signant nombre de longs-métrages d'animation à succès, de courts-métrages et de publicités.

Carlos Saldanha was born in Rio de Janeiro in 1968. After starting a career in Computer Science in Brazil, he moved to New York City to follow his true passion; the art of Animation. Upon graduating from the School of Visual Arts with two well-received shorts to his name, he joined Blue Sky Studios as a supervising animator in 1993. Subsequently, he moved on to direct a host of highly successful animated features as well as shorts and commercials.

FESTIVAL D'ANNECY

Carlos Saldanha est membre du jury longs-métrages en 2007.

Carlos Saldanha was a member of the feature film jury at Annecy 2007.

2
3
4
– Camera should just glance over these two – they are not your main characters.
6

41

Quel film, quel auteur vous a marqué ou inspiré ?	*Which film, which filmmaker has impressed or inspired you?*
Hayao Miyazaki, le plus grand maître de tous les temps, sera toujours ma source d'inspiration.	My inspiration will always be the greatest master of all time, Hayao Myazaki.

Vous et le festival d'Annecy… Un souvenir, une anecdote, un souhait ?	*You and the Annecy Festival… Do you have a particular memory, anecdote or wish?*
Il était une fois à Annecy un simple animateur qui était invité à une fête alors que son patron, un dirigeant très puissant, ne l'était pas. Le petit animateur a dansé toute la nuit tandis que son chef, qui essayait d'entrer discrètement, est tombé dans le lac et s'est cassé le cou. À Annecy, on a toujours ce qu'on mérite…	Once upon a time in Annecy a little animation artist was invited to a party, while his boss, a big and powerful executive, was not. The little animation artist danced all night, while his boss, trying to sneak in, fell into the lake and broke his neck. In Annecy one always gets what one deserves…

Qu'est-ce qui vous a amené à l'animation ? Pourquoi l'animation : une vocation ?	*How did you get into animation? Why animation? Is ~~it a~~ vocation?*
L'animation est un domaine grâce auquel je peux concilier deux de mes activités de prédilection : raconter des histoires extraordinaires et faire croire aux braves gens que mes marionnettes sont vivantes.	Animation is a field where I can combine two of my favourite things: telling amazing stories and fooling good people into believing that my puppets are alive.

PJOTR SAPEGIN

NORVÈGE / NORWAY

Pjotr Sapegin est né en Russie en 1955. Après une formation en théâtre et en peinture, il travaille pendant quinze ans comme décorateur scénique dans différents théâtres russes. En 1990, il s'installe à Oslo et se lance dans l'animation de marionnettes. Il participe à la création de différentes sociétés de production, dont Magica et Zoofilm. En 2001, il fonde Pravda Productions.

Pjotr Sapegin was born in Russia in 1955. After studies in theatre and painting, he worked as a stage designer in various theatres in Russia then moved to Oslo in 1990 and became involved in puppet animation. He co-founded a number of production companies, including Magica and Zoofilm, before creating his own company, Pravda Productions, in 2001.

FESTIVAL D'ANNECY

Pjotr Sapegin obtient une mention spéciale en 2004 pour son court-métrage *À travers mes grosses lunettes.*

Pjotr Sapegin received a Special Distinction for his short film *Through My Thick Glasses* at Annecy 2004.

FILMS

Mons le chat / Mons the Cat (1995)
One Day a Man Bought a House (1998)
À travers mes grosses lunettes /
Through my Thick Glasses (2004)

42

Vous et le festival d'Annecy… Un souvenir, une anecdote, un souhait ?	*You and the Annecy Festival… Do you have a particular memory, anecdote or wish?*
Je souhaite qu'Annecy continue d'être avant tout le festival du court-métrage d'animation d'auteur.	My wish is that Annecy continues to be above all THE festival for short independent films.

Quel film, quel auteur vous a marqué ou inspiré ?	*Which film, which filmmaker has impressed or inspired you?*
Caprice en couleurs de Norman McLaren et *Les Jeux des anges* de Walerian Borowczyk.	*Begone Dull Care* by Norman McLaren and *The Games of Angels* by Walerian Borowczyk.

Qu'est-ce qui vous a amené à l'animation ? Pourquoi l'animation : une vocation ?	*How did you get into animation? Why animation? Is it a vocation?*
J'habite à moins d'une heure d'Annecy.	I live less than an hour away from Annecy.

GEORGES SCHWIZGEBEL

SUISSE / SWITZERLAND

Georges Schwizgebel est né en Suisse en 1944. Il fait ses études à l'École des arts décoratifs de Genève. Il travaille ensuite en agence de publicité durant quelques années, puis fonde le studio GDS avec Claude Luyet et Daniel Suter en 1970. Depuis, il réalise et produit des courts-métrages d'animation, privilégiant le dessin sur cellulo. Parallèlement à ses activités de cinéaste, il voyage, conçoit des décors pour le théâtre et des fresques murales.

Georges Schwizgebel was born in Switzerland in 1944. After studies at the École des arts décoratifs in Geneva, he worked in an advertising agency for several years before founding the GDS studio with Claude Luyet and Daniel Suter in 1970. Since then, he has been producing and directing short animated films that particularly concentrate on the medium of painting on cels. Alongside his filmmaking career he also creates theatre sets and frescoes.

FESTIVAL D'ANNECY

Georges Schwizgebel reçoit le prix Canal+ en 1989 pour *Le Sujet du tableau*. Il est membre du jury en 1983 et 2000.

Georges Schwizgebel won the Canal+ Award in 1989 for *The Subject of the Picture*. He was a member of the jury in 1983 and 2000.

43

Vous et le festival d'Annecy… Un souvenir, une anecdote, un souhait ?	*You and the Annecy Festival… Do you have a particular memory, anecdote or wish?*
J'ai vécu un moment exceptionnel quand *Coraline* a remporté le Cristal l'an dernier. Serge m'a invité sur scène avant la projection du film en plein air, et j'ai ressenti beaucoup d'amour de la part du public.	A special moment for me was when *Coraline* won the Cristal last year. At the outdoor screening, Serge invited me to the microphone and I felt a wave of love from the audience.

Quel film, quel auteur vous a marqué ou inspiré ?	*Which film, which filmmaker has impressed or inspired you?*
Je dois citer au moins deux titres de films : *Le Septième Voyage de Sinbad* pour le travail de Ray Harryhausen et *Fantasia* de Walt Disney, l'original.	I have to answer with at least two films: Ray Harryhausen's work in *The 7th Voyage of Sinbad* and Walt Disney's *Fantasia*, the original.

Qu'est-ce qui vous a amené à l'animation ? Pourquoi l'animation : une vocation ?	*How did you get into animation? Why animation? Is it a vocation?*
Je voulais que mes dessins, mes sculptures et mes photos s'animent. Ce n'est pas une vocation : je ne sais tout simplement rien faire d'autre.	I wanted my drawings, sculptures and photos to move. It's not a vocation, it's just that I don't know how to do anything else.

HENRY SELICK

ÉTATS-UNIS / USA

Henry Selick est né en 1952 aux États-Unis. C'est en visionnant un film d'animation expérimental à l'âge de vingt ans qu'il comprend que toutes les disciplines artistiques qui l'intéressent peuvent être réunies dans ce médium. Il suit donc des cours au California Institute of the Arts (CalArts) en compagnie de John Lasseter et Brad Bird, et réalise deux courts-métrages à l'issue de sa formation. Il fait ses premières armes chez Disney, aux côtés de Tim Burton, travaillant à l'animation de courts et longs-métrages, avant de créer sa propre société de production en 1986. Il a depuis réalisé quatre longs-métrages d'animation.

Henry Selick was born in the USA in 1952. While watching an experimental animation film at the age of twenty he realised that all the different art forms he was interested in could be reunited in this one medium. He then studied at the California Institute of the Arts (CalArts) in the company of John Lasseter and Brad Bird, and made two short films there. He honed his craft at Disney, alongside Tim Burton, working on the animation of different shorts and features before creating his own production studio in 1986. Since that time he has made four feature animations.

FESTIVAL D'ANNECY

Henry Selick reçoit le Grand prix du long-métrage en 1997 pour *James et la Pêche géante*, et le Cristal du long-métrage pour *Coraline*, en 2009. Il fait partie du jury films de fin d'études en 2009.

Henry Selick won the Grand prix in 1997 for *James and the Giant Peach* and the feature Cristal for *Coraline* in 2009. He was a member of the graduation jury at Annecy 2009.

FILMS

L'Étrange Noël de Monsieur Jack / Nightmare Before Christmas (1993)
James et la Pêche géante / James and the Giant Peach (1996)
Coraline (2007)

44

Quel film, quel auteur vous a marqué ou inspiré ?	*Which film, which filmmaker has impressed or inspired you?*
Évidemment, le couple Pat Sullivan-Otto Messmer, suivi plus tard par Walt Disney, la bande UPA et Paul Grimault.	Obviously, the couple Pat Sullivan-Otto Messmer, followed later by Walt Disney, the UPA group and Paul Grimault.

Vous et le festival d'Annecy… Un souvenir, une anecdote, un souhait ?	*You and the Annecy Festival… Do you have a particular memory, anecdote or wish?*
J'en étais encore à mes premières tentatives d'amateur animateur, quand j'ai pu, lors de la première édition du festival d'Annecy, y côtoyer les grands cinéastes de l'époque. Expérience inoubliable !	I was still at the first attempts as an amateur animator stage, when I was able to rub shoulders with the great filmmakers of the time at the first Annecy Festival. What an unforgettable experience that was!

Qu'est-ce qui vous a amené à l'animation ? Pourquoi l'animation : une vocation ?	*How did you get into animation? Why animation? Is it a vocation?*
Jeune enfant, j'ai été fasciné de voir des dessins qui bougeaient et vivaient sous la forme d'un chat, le célèbre Félix. J'avais, dès lors, décidé de me vouer à cette sorcellerie.	As a young child, I was fascinated to see drawings of the famous cat Felix move and come alive. I decided right then to devote myself to this sorcery.

RAOUL SERVAIS

BELGIQUE / BELGIUM

Raoul Servais est né en Belgique en 1928. Il fréquente l'Académie royale des beaux-arts de Gand, où il fondera en 1963 le premier département européen de cinéma d'animation. Tour à tour peintre, illustrateur, collaborateur de Magritte, il se lance dans la réalisation de films d'animation dans les années 1960. Il est le père de la servaisgraphie, technique consistant en l'incrustation de prises de vue réelles dans des décors de création graphique.

Raoul Servais was born in Belgium in 1928. He attended the Royal Academy of Fine Art in Ghent, where he later founded the first animation department in Europe. This painter and illustrator worked with Magritte before steering his career towards animation in the sixties. He invented the technique known as Servaisgraphy, which consists of inlaying live action footage into graphic backgrounds.

FESTIVAL D'ANNECY

Raoul Servais obtient une mention spéciale du jury en 1971 pour *To Speak or Not to Speak*. En 1998, *Papillons de nuit* est couronné du Grand prix du court-métrage et du prix Fipresci. Il est membre du jury en 1993 et 1997.

Raoul Servais received a Special Mention from the jury in 1971 for *To Speak or Not To Speak* and the short film Grand prix and Fipresci prize for *Nocturnal Butterflies* in 1998. He was a jury member at Annecy 1997.

FILMS

To Speak or not to Speak (1970)
Harpya (1978)
Papillons de nuit / Nocturnal Butterflies (1998)

NACHTVLINDERS

45

Vous et le festival d'Annecy… Un souvenir, une anecdote, un souhait ?	*You and the Annecy Festival… Do you have a particular memory, anecdote or wish?*
J'ai adoré le festival d'Annecy ! J'ai adoré aller à toutes les projections, où l'on peut voir tous les réalisateurs et sentir l'énergie et le plaisir du public, qui lance des AVIONS ! C'est tellement cinétique !	I loved the Annecy Festival! I loved going to all the screenings of films with all the artists and feeling the energy of everyone having fun and throwing AIRPLANES! So Kinetic!

Quel film, quel auteur vous a marqué ou inspiré ?	*Which film, which filmmaker has impressed or inspired you?*
Hayao Miyazaki m'a beaucoup influencé.	Hayao Miyazaki has been a huge inflluence in my life

Qu'est-ce qui vous a amené à l'animation ? Pourquoi l'animation : une vocation ?	*How did you get into animation? Why animation? Is it a vocation?*
Je suis venu à l'animation enfant, en regardant des films. Puis j'ai appris qu'il existait des écoles où on enseignait l'animation, et c'est devenu évident : c'est ce que je devais apprendre. Mais pourquoi l'animation ?… J'adore à la fois dessiner et faire des films, et l'animation est une formidable combinaison des deux.	I got into animation as a kid watching movies and then I heard that there were schools that taught animation and that was it, I had to learn. But why animation?... I love drawing and I love film making and animation can be a great merging of the two.

PETER SOHN

ÉTATS-UNIS / USA

Peter Sohn est né à New York. Il étudie l'animation au California Institute of the Arts (CalArts). Il fait ses débuts professionnels chez Disney et Warner Brothers, puis intègre l'équipe de Pixar en 2000. Scénarimageur et animateur sur plusieurs longs-métrages, il prête également sa voix à certains personnages. Il réalise un premier court-métrage en 2009.

Peter Sohn was born in New York. After animation studies at the California Institute of the Arts (CalArts), he started his professional career working with Disney and Warner Brothers before joining the team at Pixar in 2000. He has storyboarded and animated a number of features and also done some voice acting. He made a first short film in 2009.

FILMS

Ratatouille (animateur / Animator) (2007)
Partly Cloudy (2009)

PARTLY CLOUDY

© Disney Pixar, croquis, courtoisie Peter Sohn

© Disney Pixar, sketch, courtesy of Peter Sohn.

46

Quel film, quel auteur vous a marqué ou inspiré ?	*Which film, which filmmaker has impressed or inspired you?*
Charles Bowers, Georges Méliès, Luis Buñuel et, par-dessus tout, *Un chien andalou* et *L'Âge d'or*.	Charles Bowers, Georges Méliès, Luis Buñuel and above all *An Andalusian Dog* and *The Golden Age*.

Vous et le festival d'Annecy… Un souvenir, une anecdote, un souhait ?	*You and the Annecy Festival… Do you have a particular memory, anecdote or wish?*
Au début des années 1980, mon film *Possibilités du dialogue* a été primé à Annecy. À l'époque, la censure régnait encore en Tchécoslovaquie. Je n'ai pas eu l'autorisation d'aller au festival et les journaux de mon pays n'ont pas eu le droit d'en parler. Et même si je pense qu'on ne devrait pas donner des récompenses pour des œuvres d'art, j'étais heureux de recevoir ce prix, car à l'époque il avait un caractère subversif.	At the beginning of the 80s my film *Dimensions of Dialogue* was awarded in Annecy. There was still censorship in former Czechoslovakia at the time and I wasn't allowed to go to the Festival nor were the newspapers allowed to write about it. However, I don't think that art should be rewarded, so, I was pleased to receive this prize because of its subversive nature at the time.

Qu'est-ce qui vous a amené à l'animation ? Pourquoi l'animation : une vocation ?	*How did you get into animation? Why animation? Is it a vocation?*
J'ai commencé à faire de l'animation totalement par hasard. J'étais plutôt attiré par le théâtre de marionnettes, mais je n'ai pas réussi à réunir un large public. L'animation donne vie à des mondes inertes. C'est le principe de la magie, et la magie est la seule façon sérieuse d'aborder la réalité. C'est pourquoi j'ai choisi l'animation.	By chance and coincidence; I really wanted to work in puppet theatre, but I wasn't successful and there wasn't much of an audience. Animation gives life to the insentient world. That's the principle of magic and magic is the only meaningful relationship to reality. So that's why I chose animation.

JAN ŠVANKMAJER

RÉPUBLIQUE TCHÈQUE
CZECH REPUBLIC

Jan Švankmajer est né en 1934 en Tchécoslovaquie (aujourd'hui République tchèque). Il fréquente l'Institut d'arts appliqués, puis le département marionnettes de l'Académie des beaux-arts de Prague. Parallèlement à sa collaboration avec plusieurs compagnies théâtrales et à son travail d'artiste plasticien, il réalise son premier film d'animation en 1964. Depuis, il ne cesse de créer, notamment en animant objets et pâte à modeler.
Jan Švankmajer was born in Czechoslovakia (now the Czech Republic) in 1934. He attended the Institute of Applied Arts then the puppet department of the Fine Arts Academy in Prague. Mixing work with a number of theatres and visual art projects, he made his first animation film in 1964 and has continued his career in object and clay animated works.

FESTIVAL D'ANNECY

Jan Švankmajer reçoit, en 1983, le Grand prix, le prix de la critique internationale et le Grand prix du trentième anniversaire pour *Possibilités du dialogue.* Il obtient le prix du long-métrage en 1989 pour *Alice*, et une mention d'honneur en 1991 pour *La Mort du stalinisme en Bohême*. Il est membre du jury en 1985.
Jan Švankmajer was awarded the Grand prix, the international critic's prize and the 30th anniversary Grand prix for *Dimensions of Dialogue* at Annecy 1983. He won the feature prize for *Alice* in 1989 and a Special Mention for *The Death of Stalinism in Bohemia* in 1991. He was a member of the Annecy jury in 1985.

FILMS

Possibilités du dialogue / Dimensions of Dialogue (1982)
Alice (1988)
Nourriture / Food (1992)

47

Vous et le festival d'Annecy… Un souvenir, une anecdote, un souhait ?	*You and the Annecy Festival… Do you have a particular memory, anecdote or wish?*
L'accueil réservé à *Presto* par Annecy restera sans aucun doute comme l'un des moments les plus heureux de toute ma vie. Cette œuvre, dont je suis extrêmement fier, a été reçue par un déluge d'approbations que je n'aurais jamais imaginé. Je suis encore ébloui. Mille mercis ! Vive Annecy !	*Presto*'s reception at Annecy will no doubt be one of the happiest moments of my entire life. A work, of which I am enormously proud, was met with an outpouring of appreciation I never imagined. I'm still overwhelmed. Many Mercis! Vive Annecy!

Quel film, quel auteur vous a marqué ou inspiré ?	*Which film, which filmmaker has impressed or inspired you?*
Eh bien, j'aimerais pouvoir dire que j'ai été inspiré par Orson Welles, Billy Wilder et *Huit et demi*, mais il serait probablement plus juste de dire que ce qui m'est resté en mémoire sont les Looney Tunes, *The Three Stooges* et le magazine *MAD*.	Well, I'd like to say I've been inspired by Orson Welles, Billy Wilder, and *8 & 1/2*, because I have, but it's probably truer to say that what stuck was *Looney Tunes*, *The Three Stooges* and *MAD* Magazine.

Qu'est-ce qui vous a amené à l'animation ? Pourquoi l'animation : une vocation ?	*How did you get into animation? Why animation? Is it a vocation?*
J'ai dessiné pendant toute mon enfance, et je ne faisais que des dessins humoristiques. Je ne dessinais même pas de décors, seulement des personnages et leurs ombres portées. Devenir animateur de personnages m'a sauvé d'une vie comme celle de Jerry Lewis dans *The Busboy*.	I drew during my entire childhood, and I only ever drew cartoons. I didn't even draw backgrounds, just characters and a drop shadow. Being a character animator saved me from living a life like Jerry Lewis in *The Busboy*.

DOUG SWEETLAND

ÉTATS-UNIS / USA

Doug Sweetland est né aux États-Unis. Il suit une formation en animation 3D au California Institute of the Arts (CalArts) dans les années 1990. Il entre chez Pixar en 1994 où il est animateur sur de nombreux longs-métrages, avant de scénariser et de réaliser son premier film en 2008. Il vit et travaille à San Francisco.

Doug Sweetland was born in the USA. He studied 3D animation at the California Institute of the Arts (CalArts) in the 90s and joined the Pixar studios in 1994, where he worked as an animator on a number of features before writing and directing his first short in 2008. He lives and works in San Francisco.

FILMS

Cars – Quatre roues / Cars (directeur de l'animation / Animation director) (2006)
Presto (2008)

PRESTO

© Pixar, croquis, courtoisie Doug Sweetland

© Pixar, sketch, courtesy of Doug Sweetland.

Qu'est-ce qui vous a amené à l'animation ? Pourquoi l'animation : une vocation ?

Mon professeur d'arts plastiques au collège, Marina Assaël (bénie soit-elle), qui nous a initiés à l'animation sous toutes ses formes (pixilation, banc-titre, cellulo…) avec de petites caméras super-8. Elle nous a emmenés au festival d'Annecy. Cela m'a donné envie à la fois de devenir prof et de faire du dessin animé.

How did you get into animation? Why animation? Is it a vocation?

My Art teacher at secondary school, Marina Assaël (bless her), who initiated us in all the forms of animation (pixilation, caption stand, cels…) with little super-8 cameras. She took us to the Annecy Festival. That made me want to become both a teacher and get into animation.

Quel film, quel auteur vous a marqué ou inspiré ?

Ils sont nombreux, notamment découverts à Annecy. Je me souviens très précisément des chocs qu'ont représentés les rencontres avec les œuvres de Norman McLaren, Ladislav Starevitch, Bill Plympton ou Youri Norstein… Mais mes influences plus spécifiques sont issues des *cartoons* américains, Tex Avery et Chuck Jones en tête.

Which film, which filmmaker has impressed or inspired you?

There are many, especially those discovered at Annecy. I can remember distinctly what a shock it was to see work by Norman McLaren, Ladislav Starevitch, Bill Plympton or Yuri Norstein… But I've been specifically influenced by American cartoons with Tex Avery and Chuck Jones heading the list.

VILLAIN

FRANCE / FRANCE

Cédric Villain est né en France en 1971. Il fait des études de graphisme et obtient une maîtrise en arts appliqués. En plus d'enseigner la communication visuelle et le cinéma d'animation à Roubaix depuis 1996, il réalise plusieurs courts-métrages et s'intéresse à l'animation virtuelle. Cette passion le mène à créer une série diffusée sur Internet, puis à participer à la création d'une association francophone sur le cinéma d'animation, Fous d'Anim.

Cédric Villain was born in France in 1971. He studied Graphics and graduated with a Master's degree in Applied Arts. As well as teaching Visual Communication and Animation in Roubaix since 1996, he has made several short films and is also interested in virtual animation. This particular passion has led him to create a series shown on the Internet, and create the French animation association, Fous d'Anim.

FESTIVAL D'ANNECY

Cédric Villain reçoit le prix Jean-Luc Xiberras de la première œuvre en 2008 pour *Portraits ratés à Sainte-Hélène*. Il fait partie du comité de sélection films de fin d'études en 2009.

Cédric Villain received the Jean-Luc Xiberras prize for a first film in 2008 for *Portraits rates à Sainte-Hèlène*. He was a graduation film committee member at Annecy 2009.

FILMS

Portraits ratés à Sainte-Hélène (2007)
Mon Chinois / My Chinese (2008)
Le Trésor de Thérèse / Theresa's Treasure (2009)

MON CHINOIS

49

Quel film, quel auteur vous a marqué ou inspiré ?	*Which film, which filmmaker has impressed or inspired you?*
J'ai été inspiré par un grand nombre d'artistes et d'animateurs. Mais si je dois en choisir un seul, même si c'est un choix dépourvu d'imagination, je dirai que j'ai été avant tout influencé par Walt Disney et les animateurs et réalisateurs de talent qui ont travaillé avec lui.	I have been inspired by a great many artists and animators. But if I must choose one, even though he is a pedestrian choice, I would have to say I have been most influenced by Walt Disney and his talented animator/artists.

Qu'est-ce qui vous a amené à l'animation ? Pourquoi l'animation : une vocation ?	*How did you get into animation? Why animation? Is it a vocation?*
En tant que cinéaste en herbe à l'université, j'adorais faire des essais de pixilation et d'animation en volume. Puis, comme j'utilisais de la pâte à modeler comme outil de conception en architecture, je m'en suis aussi servi pour des expériences d'animation, ce que j'ai trouvé très gratifiant. Parallèlement, j'ai commencé à faire du cinéma et à travailler sur des projets commerciaux avec de la pâte à modeler, donnant naissance au mot que nous avons ensuite utilisé pour décrire mon travail : claymation. L'animation peut être de la pure magie, en particulier quand l'animateur insuffle réellement la vie à un objet inanimé. Faire de la bonne animation de personnages a été une grande source de motivation tout au long de ma carrière.	As a budding filmmaker in college, I loved experimenting with pixilation and stop motion. While using clay as a design tool for architecture, I experimented with clay animation which I found very gratifying. I continued to experiment with clay and started doing film and commercial projects with it, eventually coining the word we had started to use to describe my work, "Claymation". Animation can be pure magic, particularly when the animator truly breathes life into an inanimate object. I have found good character animation to be a great motivator throughout my career.

Vous et le festival d'Annecy… Un souvenir, une anecdote, un souhait ?	*You and the Annecy Festival… Do you have a particular memory, anecdote or wish?*
Si je repense à mes précédentes participations au festival d'Annecy, ce sont des souvenirs chaleureux et romantiques qui me viennent à l'esprit. Je repense aux croisières sur le lac au soleil, aux promenades dans les rues étroites, près des canaux et des vieilles prisons, à la fabuleuse cuisine française, au château, et aux passionnés d'animation, enthousiastes et démonstratifs, dans des salles de projection pleines ! Des souvenirs formidables ! J'espère que je pourrai venir plus souvent.	Just thinking back on visits to the Annecy Festival conjures wonderfully warm, romantic memories and thoughts. I think of sailing on the lake in the sun, of walking through the narrow streets around the canals and old prison, eating fabulous French food, fireworks at the Chateau and enthusiastic and demonstrative animation fans in packed theatres! Great memories! I wish to go back more often.

WILL VINTON

ÉTATS-UNIS / USA

Will Vinton est né aux États-Unis en 1947. Il découvre l'animation d'argile au cours de ses études en architecture, puis se spécialise en animation de pâte à modeler, et élabore la technique de la claymation. Tour à tour scénariste, animateur et réalisateur de publicités, séries et films pour diverses sociétés (dont la sienne, Will Vinton Productions, devenue Laika House), il travaille aujourd'hui sous sa nouvelle enseigne, Freewill Entertainment. Il propose régulièrement séminaires et ateliers.

Will Vinton was born in the USA in 1947. He discovered clay animation during his studies in architecture, then decided to specialise and went on to elaborate the technique of Claymation, a word he originated and used throughout his career to describe his work. Working as scriptwriter, animator and director on commercials, series and films for diverse companies (including his own, Will Vinton Productions, now Laika), he currently works under the new name of Freewill and Will Vinton Entertainment. He also regularly presents classes and workshops on 3D animation.

FESTIVAL D'ANNECY

Will Vinton obtient le prix de la critique en 1975 pour *Fermé le lundi*, et le prix banc-titre en 1983 pour *The Great Cognito.*

Will Vinton won the critics' prize for *Closed Mondays* at Annecy 1975, and the banc-titre prize for *The Great Cognito* in 1983.

FILMS

Fermé le lundi / Closed Mondays (1974)
The Great Cognito (1982)
Les Aventures de Mark Twain /

Quel film, quel auteur vous a marqué ou inspiré ?	***Which film, which filmmaker has impressed or inspired you?***
J'adore tous les films d'Akira Kurosawa, en particulier *Rashomon*. Et, pour moi, *Dumbo* est un film parfait à tous les égards.	I love all Akira Kurosawa's films and especially *Rashomon*. I think *Dumbo* is a perfect film in all respects

Vous et le festival d'Annecy… Un souvenir, une anecdote, un souhait ?	***You and the Annecy Festival… Do you have a particular memory, anecdote or wish?***
J'étais enchanté de remporter un prix à Annecy en 1962 lors de la deuxième édition du festival. C'était le prix de la satire pour *De l'homme*.	I was very thrilled to win one prize at Annecy in 1962, the second year of the Festival. This was the Satire Prize for *A Lecture on Man*.

Qu'est-ce qui vous a amené à l'animation ? Pourquoi l'animation : une vocation ?	***How did you get into animation? Why animation? Is it a vocation?***
J'ai vu *Blanche-Neige et les Sept Nains* quand j'avais cinq ans, et ma mère m'a dit qu'après je n'ai plus été le même. Je suis animateur professionnel depuis que j'ai seize ans.	I saw *Snow White* when I was 5 and my mother said I was never the same again. I've been animating professionally since I was 16.

RICHARD WILLIAMS

ROYAUME-UNI
UNITED KINGDOM

Richard Williams est né au Canada en 1933. Il réalise son premier film au Royaume-Uni en 1958 et poursuit sa carrière en animant des longs-métrages, des génériques de films, des publicités, des films éducatifs et des projets privés. Depuis 1995, il donne des master classes internationales en animation à un public de professionnels. Ses livres et ses DVD sont utilisés par des animateurs et des étudiants du monde entier.

Richard Williams was born in Canada in 1933. He made his first film in England in 1958 and went on to animate features, film titles, commercials, instructional films and private projects. From 1995 he gave international animation Masterclasses to professionals and his book and DVDs are used by animators and students worldwide.

FESTIVAL D'ANNECY

Richard Williams a reçu le prix de la satire en 1962 pour son film *De l'homme*. Il a été membre du jury en 2008.

Richard Williams received the satire prize at Annecy 1962 for *A Lecture on Man*. He was an Annecy jury member in 2008.

FILMS

De l'homme / *A Lecture on Man* (1962)
A Christmas Carol (1971)
Qui veut la peau de Roger Rabbit ? /
Who Framed Roger Rabbit (directeur de

+PLUS

Vous et le festival d'Annecy… *Un souvenir, une anecdote, un souhait ?*	*You and the Annecy Festival…* *Do you have a particular memory, anecdote or wish?*
Trop de souvenirs, mais un seul souhait : que de la simplicité soit préservée (retrouvée ?) au milieu du succès. Ah, si, un autre souhait : moins de lapins.	Too many souvenirs but one wish: that the simplicity be preserved (regained?) amidst the success. Ah, yes, one other wish: fewer rabbits.

Qu'est-ce qui vous a amené à l'animation ? Pourquoi l'animation : une vocation ?	*How did you get into animation? Why animation? Is it a vocation?*
J'ai vu de la lumière, il y avait du bruit, l'ambiance avait l'air sympa...	I saw the light, there was noise and the atmosphere was pretty cool…

Quel film, quel auteur vous a marqué ou inspiré ?	*Which film, which filmmaker has impressed or inspired you?*
La Planète sauvage de René Laloux et Roland Topor, *Gwen et le Livre de sable* de Jean François Laguionie – encore et toujours.	*The Savage Planet* by René Laloux and Roland Topor, *Gwen et le Livre de sable* by Jean-François Laguionie – still and forever.

JÉRÔME BOULBÈS

FRANCE / FRANCE

Jérôme Boulbès est né au Maroc en 1969. Après des études aux beaux-arts, il fréquente l'École nationale supérieure des arts décoratifs de Paris, section illustration, et y réalise son premier film d'animation. Depuis, il œuvre à la fois comme graphiste 3D, illustrateur et enseignant dans plusieurs écoles et universités. Animateur, il explore dans ses films les possibilités qu'offre l'image de synthèse.

Jérôme Boulbès was born in Morocco in 1969. After studies in Fine Arts, he attended the illustration department of the École national supérieure des arts décoratifs in Paris and made his first animated short. He now works as a 3D graphic artist on his own CGI films or as an illustrator and teaches at different schools and universities.

FESTIVAL D'ANNECY

Jérôme Boulbès est membre du comité de sélec-

+PLUS

Qu'est-ce qui vous a amené à l'animation ? Pourquoi l'animation : une vocation ?

Quand je suis arrivé aux beaux-arts à Reims pour faire du dessin animé, je ne savais même pas ce qu'était un intervalle. On fabriquait nos *peg bars* avec des butées de freins de camions. C'était génial, jusqu'au moment où j'ai compris que pour faire bouger un petit personnage il fallait faire beaucoup d'intervalles…

How did you get into animation? Why animation? Is it a vocation?

When I started my animation studies in Reims, I didn't even know what an inbetween was. We made our peg bars from bits of truck brakes. It was great, up till the moment I realised that to make a little character move you had to do loads of inbetweens…

Quel film, quel auteur vous a marqué ou inspiré ?

Popeye, les films de Tex Avery et *Le Livre de la jungle* quand j'étais gamin. Un peu plus vieux, *Le Roi Léo* de Tezuka pour mes premières séries japonaises. Ensuite Miyazaki, Takahata, etc. Cela m'a surtout fait comprendre qu'il n'y avait pas que les Américains qui pouvaient faire du dessin animé. En dépit du fait qu'ils sont super forts. Le premier *Toy Story*, ça déboîte ! Mais je reste admiratif de la production française qui fait des miracles sans avalanche de dollars…

Which film, which filmmaker has impressed or inspired you?

Popeye, Tex Avery films and *The Jungle Book* when I was a kid. A bit later, my first Japanese series was *Leo the Lion* by Tezuka. Then later, Miyasaki, Takahata etc. They certainly made me realise that it wasn't only Americans who could make cartoons, even though they are great at it too. The first *Toy Story*, that really rocks! But I have a lot of admiration for French productions that do great things without a great deal of dollars…

Vous et le festival d'Annecy… Un souvenir, une anecdote, un souhait ?

Un souvenir : mon premier festival. Je dormais dans ma vieille Mercedes 220D de 1973 avec deux copains. On présentait un projet dont personne n'a voulu… En revanche, qu'est-ce qu'on s'est marrés ! C'était un signe, car depuis, mes réalisations sont rarement sélectionnées à Annecy… Mais je m'amuse toujours autant !

You and the Annecy Festival… Do you have a particular memory, anecdote or wish?

A memory: my first festival. I slept in my old 1973 Mercedes 220D with a couple of mates. We presented a project that no one was interested in… But, we had the greatest time! It was a sign though, as ever since, my work is rarely selected at Annecy… But I still have the best time!

JEAN-LUC FRANÇOIS

FRANCE / FRANCE

Diplômé des Beaux-Arts, Jean-Luc François complète sa formation à l'école des Gobelins. Il fait ses débuts professionnels en 1989 comme animateur infographiste et assistant réalisateur pour des séries télévisées. En 1998, chez Les Armateurs, il développe et réalise une série qu'il adaptera en long-métrage et qui sortira en salles en avril 2004. Directeur artistique au studio Blue Spirit Animation depuis 2007, il travaille au développement de projets de séries, tout en poursuivant ses activités de réalisateur.

After a degree in Fine Arts, Jean-Luc François finished his training at the Gobelins School. In 1989, he started professionally as a CG animator and assistant director for TV series. He followed on in 1998, at Les Armateurs, where he developed and directed a series that he then adapted into a feature film released in 2004. He has been Art Director at Blue Spirit Animation since 2007, where he continues to develop projects for series along with directing work.

FESTIVAL D'ANNECY

Jean-Luc François est membre du comité de sélection en 2009.

Jean-Luc François was a member of the selection committee in 2009.

FILMS

T'choupi (série / series)
Allez raconte (série / series)
Grabouillon (série / series)

[redacted]

ALLEZ RACONTE

Jean-Luc François, Jean-Christophe Roger

LES P'TITES POULES

Quel film, quel auteur vous a marqué ou inspiré ?

Le Roi et l'Oiseau de Paul Grimault a sans doute été l'étincelle qui a mis le feu aux poudres. Par la suite, beaucoup d'auteurs nous ont inspirés, notamment Nick Park, Hayao Miyazaki, Brad Bird…

Which film, which filmmaker has impressed or inspired you?

The King and the Bird by Paul Grimault was the spark that set off the powder keg. Since then, a lot of filmmakers have inspired us, including Nick Park, Hayao Miyazaki, Brad Bird and many others.

Qu'est-ce qui vous a amené à l'animation ? Pourquoi l'animation : une vocation ?

Nous avons toujours été fascinés par les « petits mondes », les cabanes dans la forêt, les maquettes en papier, les miniatures. Le cinéma d'animation nous a donné le moyen de les magnifier, de les faire vivre, de les partager avec les autres.

How did you get into animation? Why animation? Is it a vocation?

We've always been fascinated by "little worlds", huts in the forest, paper models and miniatures. Animation has given us the means to enlarge them, make them come alive and share them with others.

Vous et le festival d'Annecy… Un souvenir, une anecdote, un souhait ?

Annecy aura toujours pour nous une saveur particulière, car nous y avons projeté notre premier long-métrage en première mondiale, et en présence de presque toute l'équipe du film. Un grand moment d'émotion.

You and the Annecy Festival… Do you have a particular memory, anecdote or wish?

Annecy will always be special to us, because our first feature had its world premiere there, in front of practically all the film crew. It was a very emotional moment.

FRÉDÉRIC & SAMUEL GUILLAUME

SUISSE / SWITZERLAND

Frédéric et Samuel Guillaume sont nés en 1976 en Suisse. Ils quittent l'École cantonale d'art de Lausanne après six mois d'études pour se lancer dans l'animation en tant qu'indépendants. Les frères jumeaux réalisent en 1998 un premier court-métrage d'animation, puis de nombreuses productions en volume. Parallèlement, ils conçoivent des spots publicitaires et des films de commande. Leur premier long-métrage d'animation sort en 2007.

Frédéric and Samuel Guillaume were born in Switzerland in 1976. They left the École cantonale d'art in Lausanne after six months of studies to launch a freelance career in animation. The twins made their first animated short in 1998 and have a number of stop motion films to their names, along with commercials and music videos. Their first feature film was released in 2007.

FESTIVAL D'ANNECY

Frédéric et Samuel Guillaume reçoivent le prix du public en 2007 pour *Max & Co.* Samuel Guillaume fait partie du comité de sélection en 2008.

Frédéric and Samuel Guillaume received the Audience Award at Annecy 2007 for *Max & Co.* Samuel Guillaume was a member of the selection committee in 2008.

FILMS

Bonne journée, Monsieur M. /
Have a Nice Day, Mister M. (1999)
Max & Co (2007)

MAX & CO

MAX & CO

+PLUS

Quel film, quel auteur vous a marqué ou inspiré ?	*Which film, which filmmaker has impressed or inspired you?*
Beaucoup de films et de cinéastes m'ont inspirée. J'aime particulièrement ceux qui ont une vraie indépendance d'esprit, dont la passion et le talent rayonnent malgré les contraintes de la bureaucratie et du commerce.	Many films and filmmakers have inspired me. I particularly admire those with an independent spirit whose passion and talent shines through the constraints of bureaucracy and commercialism.

Vous et le festival d'Annecy… Un souvenir, une anecdote, un souhait ?	*You and the Annecy Festival… Do you have a particular memory, anecdote or wish?*
Chaque fois, je mange trop de tartiflette ! Chaque fois, j'oublie à quel point Annecy est belle. Chaque fois, je voudrais que mes yeux soient plus grands et capables de résister à la fatigue pour pouvoir ingurgiter plus d'animation qu'il est humainement possible d'en absorber.	I always eat too much tartiflette! I always forget how beautiful Annecy is. I always wish my eyeballs were bigger and didn't get so tired so that I could drink up more animation than is humanly possible.

Qu'est-ce qui vous a amené à l'animation ? Pourquoi l'animation : une vocation ?	*How did you get into animation? Why animation? Is it a vocation?*
Je me suis lancée dans l'animation parce que c'était un domaine qui cristallisait et réunissait beaucoup de choses qui me passionnaient… La création graphique, la narration, les personnages, le mouvement, le son et la musique. J'adore le côté étrange et magique de l'animation, quand tout cela prend vie.	I got into animation as it seemed to crystallise and encompass many of the things I felt passionate about… design, storytelling, character, movement, sound and music. I love the magical curiosity of it all when it comes to life.

LEIGH HODGKINSON

ROYAUME-UNI
UNITED KINGDOM

Leigh Hodgkinson est née en Rhodésie en 1975. Elle fait ses études en animation à la National Film and Television School, puis œuvre en tant que conceptrice, directrice artistique et réalisatrice à de nombreux films et séries pour la télévision. Elle privilégie l'animation d'objets découpés, combinant éléments photographiques et créations numériques. Parallèlement, elle écrit et illustre des livres pour enfants.

Leigh Hodgkinson was born in Rhodesia in 1975. She studied Animation Direction at the National Film and Television School before working as designer, art director and director on several films and series for the TV. She particularly likes cut-out animation, combining photographic elements, objects and real artwork digitally. She also writes and illustrates books for children.

FESTIVAL D'ANNECY

Leigh Hodgkinson obtient le prix spécial pour une série TV en 2008 pour *Talented Mouse*.

Leigh Hodgkinson received the special prize for a TV series for *Talented Mouse* at Annecy 2008.

FILMS

Stalk (2005)
Flighty (2006)
Talented Mouse (série / series)

En haut / Top

STALK

© Slinky Pictures, LTD for Pulse Commission-Film London.

En bas / Bottom

TALENTED MOUSE

© Slinky Pictures, LTD for Hattrick.

MOO(N)

+PLUS

Vous et le festival d'Annecy… Un souvenir, une anecdote, un souhait ?	*You and the Annecy Festival… Do you have a particular memory, anecdote or wish?*
Annecy est très belle en été, mais c'est encore plus beau l'hiver, sous la neige, et plus calme. Je vous le conseille !	Annecy is beautiful in summer, but it is even more beautiful in winter, with the snow, and more peaceful. I recommend it!

Qu'est-ce qui vous a amené à l'animation ? Pourquoi l'animation : une vocation ?	*How did you get into animation? Why animation? Is it a vocation?*
J'ai su que je voulais faire de l'animation quand, à quinze ans, j'ai vu une sélection de films du festival d'Annecy de 1993 sur Canal+, dont *The Sandman* de Paul Berry.	I knew that I wanted to be in animation when I was 15 and I saw a selection of films from the Annecy 1993 Festival on Canal+, including Paul Berry's *The Sandman.*

Quel film, quel auteur vous a marqué ou inspiré ?	*Which film, which filmmaker has impressed or inspired you?*
Raimund Krumme, Joanna Quinn, Gil Alkabetz, Vuk Jevremovic, Michaela Pavlatova, Michel Ocelot, Sylvain Chomet, les Frères Quay, Priit Pärn.	Raimund Krumme, Joanna Quinn, Gil Alkabetz, Vuk Jevremovic, Michaela Pavlatova, Michel Ocelot, Sylvain Chomet, the Brothers Quay, Priit Pärn.

HERNANDEZ

ESPAGNE / SPAIN

María Lorenzo Hernández est née en 1977 en Espagne. Elle réalise son premier court-métrage d'animation en 2000 dans le cadre de ses études d'art à la Universidad Politécnica de Valencia. Elle a ensuite intégré l'équipe d'enseignement et de recherche, et poursuit une carrière de cinéaste, réalisant des courts-métrages à partir de peinture sur papier.

María Lorenzo Hernández was born in Spain in 1977. She made her first animated short in 2000, during Art studies at the Universidad Politécnica de Valencia, where she now teaches and has become part of the research team. She has also continued her career as a film director, making shorts using the painting on paper technique.

FESTIVAL D'ANNECY

María Lorenzo Hernández fait partie du comité de sélection en 2005.

María Lorenzo Hernández was a member of the Annecy selection committee in 2005.

FILMS

Portrait de D. / Portrait of D. (2004)

LA FLOR CARNIVORA

+PLUS

Quel film, quel auteur vous a marqué ou inspiré ?	*Which film, which filmmaker has impressed or inspired you?*
Enfant, j'ai été marquée par *La Belle au bois dormant*, *Les 101 Dalmatiens*, *Merlin l'Enchanteur* de Disney, puis, plus tard, par *Mon voisin Totoro*. Je pense que la poésie qui se dégage de l'œuvre de Miyazaki sera toujours une source d'inspiration inépuisable.	As a child, Disney's *Sleeping Beauty*, *101 Dalmatians* and *The Sword in the Stone* made a great impression on me, then, later, it was *My Neighbour Totoro*. The poetry that comes out of a Miyazaki film will always be a source of endless inspiration.

Qu'est-ce qui vous a amené à l'animation ? Pourquoi l'animation : une vocation ?	*How did you get into animation? Why animation? Is it a vocation?*
Depuis toute petite, j'aime dessiner, et j'ai très vite été fascinée par les films d'animation, quels qu'en soient l'origine ou le style (Disney, Grimault, Miyazaki, Aardman, Back, même les films d'Europe de l'Est, etc.). C'est donc tout naturellement que j'ai décidé d'en faire mon métier.	I've loved drawing since I was a little girl, and I was very quickly fascinated by animated films, wherever they might be from or whatever the style (Disney, Miyazaki, Aardman, Back and even films from Eastern Europe etc.). It was therefore quite natural that I decided to make it my profession.

Vous et le festival d'Annecy… Un souvenir, une anecdote, un souhait ?	*You and the Annecy Festival… Do you have a particular memory, anecdote or wish?*
La première fois que je suis venue au festival, j'y ai découvert *Père et Fille*, de Michael Dudok de Wit. Cela reste un souvenir très fort : ce film m'avait vraiment touchée par sa force et sa simplicité. En 2004, faire partie du jury de sélection fut un immense honneur et une formidable expérience qui m'a permis de faire de belles rencontres. J'espère revenir à Annecy un peu plus souvent, et pourquoi pas un jour dans la compétition !	The first time I came to the Festival, I discovered *Father and Daughter* by Michael Dudok de Wit. That will always be a great memory: the film really touched me for its strength and simplicity. It was an immense honour and a great experience to be a member of the selection committee in 2004, which allowed me to meet some wonderful people. I hope to come back to Annecy more often and why not one day in competition!

CAROLINE PIOCHON

FRANCE / FRANCE

Caroline Piochon est née en 1979 en France. Elle étudie à l'école régionale des beaux-arts de Caen, puis à l'école Émile-Cohl à Lyon. En 2005, elle sort diplômée de l'école des Gobelins à Paris. Depuis, elle travaille en tant que designer et animatrice, entre autres sur des longs-métrages d'animation de Tomm Moore, Sylvain Chomet, Paul et Gaëtan Brizzi.

Caroline Piochon was born in France in 1979. After studies in Fine Arts in Caen and the Émile-Cohl School in Lyon, she graduated from the Gobelins School in Paris in 2005. Since then she has worked as designer and animator on a number of animation films including features by Tomm Moore, Sylvain Chomet and Paul and Gaëtan Brizzi.

FESTIVAL D'ANNECY

Caroline Piochon est membre du comité de sélection en 2004.

Caroline Piochon was a member of the selection committee in 2004.

FILMS

Brendan et le Secret de Kells / Brendan and the Secret of Kells (*animatrice / Animator*) *(2008)*

L'Illusionniste (designer des personnages, animatrice / Character designer, animator) (2010)

Juliette

Quel film, quel auteur vous a marqué ou inspiré ?

Enfant, j'ai été très impressionné par les films de Disney comme *Pinocchio*, *Bambi*, *Robin des Bois* puis, plus tard, par de nombreux courts-métrages de réalisateurs comme Frédéric Back, Youri Norstein, Paul Driessen, Norman McLaren. J'ai par la suite été émerveillé par Hayao Miyazaki avec *Mon voisin Totoro*, *Nausicaä* et *Laputa*.

Which film, which filmmaker has impressed or inspired you?

As a child, Disney films like *Pinocchio*, *Bambi* and *Robin Hood* particularly made an impression on me. Later on, it was short films by directors like Frédéric Back, Yuri Norstein, Paul Driessen or Norman McLaren. Since then, I've been amazed by Hayao Miyazaki's *Totoro*, *Nauusicaä* and *Laputa*.

Vous et le festival d'Annecy… Un souvenir, une anecdote, un souhait ?

Mon meilleur souvenir reste mon premier festival, alors que j'étais étudiant aux Gobelins. L'aventure avait commencé par un voyage d'une soirée et une nuit depuis Paris, empruntant la route nationale afin d'économiser des frais d'autoroute... Nous sommes finalement arrivés (pas très en forme) sur les bords du lac pour le petit déjeuner. Les jours suivants ont été un cocktail de projections passionnantes et de promenades à la découverte d'Annecy et de ses environs. C'était en 1986, une chouette époque et un excellent souvenir !

You and the Annecy Festival… Do you have a particular memory, anecdote or wish?

My best memory is still my first festival when I was a student at Gobelins. The adventure began with an overnight trip from Paris, using the highway so as to save on motorway charges. We finally got to the lake – a little worse for wear – in time for breakfast. The following days were filled with a cocktail of thrilling screenings and discovering Annecy. This was in 1986, a great moment in my life and an excellent souvenir!

Qu'est-ce qui vous a amené à l'animation ? Pourquoi l'animation : une vocation ?

L'animation me fascine depuis mon enfance. Dès onze ans, je faisais mes premiers tests d'animation sur cello. Mais, faute de caméra pour filmer ces essais, j'ai dû abandonner. Plus tard, lorsque j'ai découvert l'école des Gobelins, je m'y suis immédiatement inscrit. Depuis, je n'ai plus quitté cette voie, et c'est devenu mon métier ainsi que mon passe-temps, notamment lorsque je développe de nouveaux projets.

How did you get into animation? Why animation? Is it a vocation?

Animation has fascinated me since I was a child. I did my first cel animation experiments when I was 11. But I had to give up as I didn't have a camera to film them. Later, when I discovered the Gobelins School, I immediately signed up. Since then, I've kept on the same track, and it's become my job as well as my hobby, especially when I'm developing new projects.

THIERRY SCHIEL

LUXEMBOURG
LUXEMBOURG

Franco-Luxembourgeois né en 1965, Thierry Schiel fréquente la section dessins animés de l'école des Gobelins à Paris. Il travaille d'abord en tant qu'animateur et superviseur de l'animation sur de nombreuses productions européennes et américaines, puis cofonde Oniria Pictures en 1995, société pour laquelle il réalise entre autres deux longs-métrages d'animation en images de synthèse.
Thierry Schiel was born in Luxembourg in 1965 and studied cartoon at the Gobelins School in Paris. He started his career as animator and animation supervisor on several European and American productions before founding Onira Pictures in 1995, where he has worked on different projects including two CGI features.

FESTIVAL D'ANNECY
Thierry Schiel fait partie du comité de sélection des longs-métrages en 2007.
Thierry Schiel was a member of the feature film selection committee in 2007.

FILMS
Tristan et Iseut / Tristan and Isolde (2001)
Le Roman de Renart / Renart the Fox (2003)
Le Vieil Homme dans le brouillard (2008)

ST
06

ANDRÉ GOBELI

L'ŒIL DU FESTIVAL
THE EYE OF THE FESTIVAL

André Gobeli, quatre-vingt-six printemps, restera « le » photographe du festival d'Annecy. Depuis 1960, ses photos, souvent en noir et blanc, prises sur le vif, ont immortalisé la joie, l'étonnement, l'ambiance, les rires et les sourires, les moments de vie qui sont le sel du festival.

Quand on lui demande comment il est devenu photographe, André Gobeli sourit et répond avec malice : « Par flemme ! » Ce grand monsieur n'aime pas se mettre en avant. Autodidacte, il a l'œil : d'instinct, il sait où se positionner, comment faire partager une émotion, un désir, une attitude… Il aurait pu être instituteur, comme toute sa famille. Le sort en a décidé autrement. Son diplôme d'instituteur, il l'a obtenu. Mais apprenant que *Le Messager* d'Annecy cherchait un rédacteur, André Gobeli a saisi l'opportunité : ce fut le début d'un beau parcours, jalonné de rencontres et d'amitiés immortalisées sur papier glacé.

En 1947, il est chef d'agence au journal. C'est à l'occasion de la venue à Annecy du président de la République Vincent Auriol qu'il découvre son talent de photographe. En effet, comme on lui demande de faire des photos du président, un de ses amis lui prête un appareil. Il ne le lâchera plus…

Depuis, ses images témoignent de l'histoire du festival. En fouillant dans ses archives, on déniche des pépites qui sont le reflet d'une époque : M. Fourre-Cormeray, directeur du CNC, remettant à Břetislav Pojar le Grand prix d'Annecy pour *Le Lion et la Chanson* en 1960 ; le comité de sélection de 1985, où l'on reconnaît Stanislas Sokolov, Jan Švankmajer, Louise Baudet, Michel Ciment, Benny Carter et Michel Ocelot ; le sourire lumineux d'Henry Selick dont les mains sont occupées par les figurines de ses créatures (*James et la Pêche géante*, 1997) ; les bals musettes au bord du lac, les sorties en canot… Des coulisses aux feux de la rampe, des moments de détente aux remises des prix, les photos d'André Gobeli constituent l'album souvenir de cette grande fête de famille turbulente qu'est chaque année depuis cinquante ans le festival d'Annecy.

André Gobeli, eighty-six summers, will remain "the" photographer of the Annecy Festival. Since 1960, his photos, often in black and white, taken on the spot, have immortalised the joy, the wonder, the atmosphere, the laughs and the smiles, the moments of life that are the salt of the festival.

When asked how he became a photographer, André Gobeli replies mischievously: "Through laziness!" This great man doesn't like to show off. Self-taught, he has an eye and an instinct for photography. He knows where to place himself, how to share an emotion, a desire, an attitude…He could have been a teacher, like the rest of his family. Fate decided otherwise. He did get his teaching degree, but when he heard that the Annecy newspaper *Le Messager* was looking for an editor, he seized the opportunity, and this was the beginning of a beautiful journey, punctuated by encounters and friendships immortalised on glossy paper.

In 1947, he was agency manager at the newspaper. When the President of the Republic Vincent Auriol came to visit Annecy, he discovered his talent for photography. In fact, as he was asked to take the photos of the President, one of his friends loaned him a camera, and he hasn't let go of one since!

His photos document the history of the festival. Rummaging through his archives, you come across little gems that reflect an era: Mr Fourre-Cormeray, Director of the CNC, handing Břetislav Pojar the Grand Prix for *The Lion and the Song* in 1960; the selection committee of 1985, where you can see Stanislas Sokolov, Jan Švankmajer, Louise Baudet, Michel Ciment, Benny Carter and Michel Ocelot; the bright smile of Henry Selick holding his characters from *James and the Giant Peach* in 1997; the lakeside *bals musettes*; the boat excursions… From behind the scenes to the footlights and the moments of relaxation to the award ceremonies, André Gobeli's photos make up a souvenir album of this great tumultuous family celebration that has been for the past fifty years the Annecy Festival.

Kronenbourg Kronenbourg Kronenbourg
annecy
ILFORD HP5 PLUS
3350

HISTORIQUE
HISTORY

1956

L'Association française pour la diffusion du cinéma, dirigée par Pierre Barbin, propose une programmation biennale de films d'animation lors du festival de Cannes : les Journées internationales du cinéma d'animation (Jica). Après la tenue de la deuxième édition en 1958, le festival de Cannes laissant peu d'espace au cinéma image par image, les organisateurs recherchent une ville d'accueil pour un festival entièrement consacré à cet art. Grâce notamment à l'action du ciné-club annecien et à l'engagement de son maire, Maître Charles Bosson, Annecy fait acte de candidature. En 1960, les « Jica » sont transférées sur les rives du lac d'Annecy à l'occasion de la célébration du centenaire du rattachement de la Savoie à la France.

In 1956, the French Association for film distribution, managed by Pierre Barbin, presents a biennial programme of animated films during the Cannes festival entitled les Journées internationales du cinéma d'animation (Jica). After holding the second edition in 1958, as the Cannes festival has little room for frame by frame film, the organisers begin to look for a city to host a festival entirely devoted to the art. Thanks mainly to the initiative of the Annecy Film Club and the commitment of the Mayor, Charles Bosson, Annecy proposes its candidature. In 1960, the Jica are transferred to Annecy's lakeside at the same time as the centenary celebrations of the annexation of Savoie to France.

1960

Première édition annecienne des Jica. Parrainée par Alexandre Alexeïeff, Stephen Bosustow, Max Fleischer, Paul Grimault, Norman McLaren, Ivan Ivanov-Vano et Jiří Trnka, elle attire des représentants d'une vingtaine de pays, parmi lesquels Nag Ansorge, Bruno Bozzetto, George Dunning, John Halas, Břetislav Pojar, Dusan Vukotic.

The first edition of the Annecy Jica. Festival sponsors are Alexandre Alexeieff, Stephen Bosustow, Max Fleischer, Paul Grimault, Norman McLaren, Ivan Ivanoz-Vano and Jiří Trnka. The event attracts representatives from over twenty countries including Nag Ansorge, Bruno Bozzetto, George Dunning, John Halas, Břetislav Pojar and Dusan Vukotic.

1969

Le festival n'a pas lieu : la révolte sociale est encore très présente en France, et toutes les subventions allouées aux festivals sont supprimées.

There is no Festival due to all subventions being cut because of the social rebellion that is still rife in France.

1971

Raymond Maillet succède à Pierre Barbin. Il assurera le poste de directeur jusqu'en 1981.

Raymond Maillet succeeds Pierre Barbin as Festival Director.

1982

Les bureaux de l'organisation s'installent à Annecy (jusqu'en 1981, le festival était géré par une équipe parisienne en coordination avec le ciné-club d'Annecy). Jean-Luc Xiberras devient directeur du festival. Six salles de cinéma sont mises à disposition, ce qui permet de multiplier par trois les projections de films.

The organisation office comes to Annecy (up to 1981, the Festival was managed from an office in Paris in coordination with the Annecy Film Club). Jean-Luc Xiberras becomes Festival Director. Six theatres are made available, thus multiplying screenings threefold.

1983

Le festival ouvre la compétition aux films de télévision et de commande.

The Festival opens the competition to TV and commissioned films.

1984

L'association des Jica devient Cica, Centre international du cinéma d'animation, afin de maintenir et de développer à Annecy, entre les manifestations biennales, des activités culturelles et économiques liées au cinéma image par image.

The Jica Association becomes Cica, Centre international du cinéma d'animation (The International Animated Film Centre), in order to maintain and develop cultural and economic activities connected to the frame by frame industry during the "off" year..

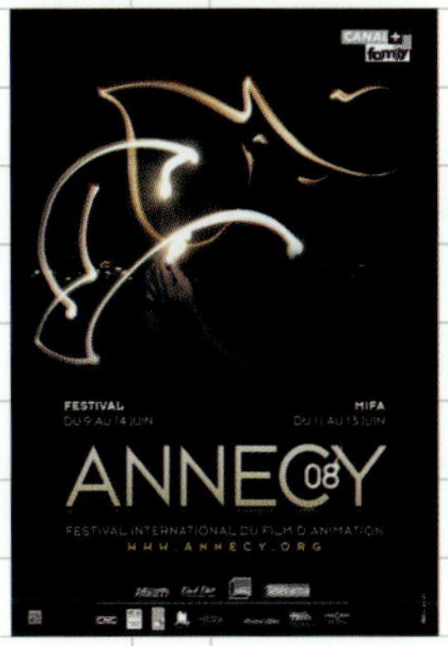

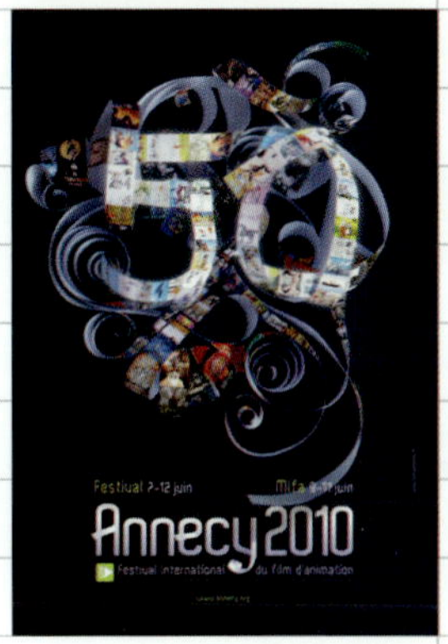

1985

Le festival ouvre la compétition aux longs-métrages. Première édition du Marché international du film d'animation (Mifa).

The Festival opens the competition to feature films. First edition of the International Animation Film Market (Mifa).

1997

Création du Carrefour de la création et de l'emploi, synergie entre le festival et le Mifa : concours de projets, performances d'animateurs, rencontres entre créateurs et producteurs, diffuseurs et studios d'animation.

The first Creative Focus and Job Fair takes place creating a synergy between the Festival and the Mifa with a project competition, animation demonstrations, individual meetings with producers, broadcasters and animation studios.

1998

Désormais, le festival se tient annuellement. Le nombre de films soumis à la sélection (1 270 lors de la dernière biennale en 1997), ainsi que l'émergence d'une concurrence à la fois américaine et asiatique sont des arguments de poids en faveur de la tenue annuelle du festival. L'équipe permanente passe de quatre à quinze employés.

The Festival becomes an annual event. The 1,270 films submitted for the last biennial as well as competition from American and Japanese events are strong arguments in favour of making the Festival annual. The full-time staff increases from 4 to 15.

1999

À la suite du décès du directeur général Jean-Luc Xiberras, en décembre 1998, la direction opérationnelle est confiée à Tiziana Loschi et la direction artistique à Serge Bromberg.

Tiziana Loschi takes over as event Managing Director and Serge Bromberg becomes Artistic Director following the death of Jean-Luc Xiberras in December 1998.

2006

1er juillet : création de l'établissement public de coopération culturelle CITIA, Cité de l'image en mouvement, qui reprend les activités du Cica et développe des actions dans le domaine de la formation et du développement économique dans le département de la Haute-Savoie. Vingt-cinq personnes travaillent de façon permanente à l'élaboration de l'ensemble des activités de CITIA, parmi lesquelles l'organisation du festival et du Mifa, sous la direction de Patrick Eveno.

CITIA (City of Moving Images), an Établissement public de coopération culturelle, is created on 1st July to take over the activities of the Cica and develop initiatives in the culture, economy and training/research sectors in Haute-Savoie. 25 full-time staff work on the preparations of the Festival and Mifa as well as CITIA activities. Patrick Eveno is CEO.

2007

Renforcement des actions de soutien au long-métrage d'animation avec, notamment, l'élargissement de la compétition à dix films (au lieu de cinq) et la création de deux nouveaux prix dans cette catégorie.

Focus on animated features, with new initiatives: an increase in the number of films in competition from 5 to 10, and 2 new prizes in the category.

2008

Création des « Work in Progress » pour découvrir les longs-métrages en cours de production. Ouverture aux longs-métrages et aux productions cross-média, animation et jeux vidéo pour les projets présentés dans le cadre du Carrefour de la création.

New for 2008 are "Work in Progress" sessions to discover feature films in production and new categories for Calls for Projects at the Creative Focus for features, cross-media productions, animation and video game and TV.

2010

Le festival international du film d'animation d'Annecy célèbre ses cinquante ans à l'occasion de sa 34e édition.

The International Animation Film Festival celebrates its 50th birthday for its 34th edition.

PALMARÈS / PRIZE LIST

GRAND PRIX COURT-MÉTRAGE
SHORT FILM GRAND PRIX

1960
Lev a pisnicka / The Lion and the Song / Le Lion et la Chanson
Břetislav Pojar / Kratky Film
République tchèque (Tchécoslovaquie)
Grand prix, Annecy 60

1962
The Flying Man / L'Homme volant
George Dunning / TVC (TV Cartoons Ltd.)
Grande-Bretagne
Grand prix, Annecy 62

1963
Spatne namalovana slepice / Incorrectly Drawn Hen / Gallina vogelbirdae
Jiri Brdecka / Ceskoslovensky Film
République tchèque (Tchécoslovaquie)
Grand prix, Annecy 63

1965
La Demoiselle et le Violoncelliste / The Young Lady and the Cellist
Jean-François Laguionie / Les Films Paul Grimault, Service de recherche de l'ORTF
France
Grand prix, Annecy 65

1967
Krotitelj divljih konja / Tamer of Wild Horses / Le Dompteur de chevaux sauvages
Dragic Nedeljko / Zagreb Film
Croatie (Yougoslavie)
Grand prix (ex æquo), Annecy 67

The Breath / Le Souffle
Jimmy Murakami / Murakami Wolf Dublin Ltd.
Grande-Bretagne
Grand prix (ex æquo), Annecy 67

Klatki / Cages / Les Cages
Miroslav Kijowicz / Studio Miniatur Filmowych
Pologne
Grand prix (ex æquo), Annecy 67

Arès contre Atlas / Ares vs. Atlas
Manuel Otero / Cinémation
France
Grand prix (ex æquo), Annecy 67

1971
The Further Adventures of Uncle Sam / Autres aventures de l'oncle Sam
Robert Mitchell, Case Dale / Haboush Company
États-Unis
Grand prix (ex æquo), Annecy 71

Apel / The Appeal / L'Appel
Ryszard Czekala / Studio Miniatur Filmowych
Pologne
Grand prix (ex æquo), Annecy 71

Nevesta / The Bride / La Jeune Mariée
Borislav Sajtinac / Neoplanta Film
Serbie (Yougoslavie)
Grand prix (ex æquo), Annecy 71

1973
Frank Film
Frank Mouris / Mouris Films
États-Unis
Grand prix, Annecy 73

1975
Le Pas / The Step
Piotr Kamler / Les Films de la Rivière, aaa (Animation Art graphique Audiovisuel)
France
Grand prix, Annecy 75

1977
The Sand Castle / Le Château de sable
Co Hoedeman / ONF (Office national du film du Canada)
Canada
Grand prix (ex æquo), Annecy 77

David
Paul Driessen / Cinecentrum, Hilversum
Pays-Bas
Grand prix (ex æquo), Annecy 77

1979
Afterlife / Après la vie
Ishu Patel / ONF (Office national du film du Canada)
Canada
Grand prix (ex æquo), Annecy 79

Mr Pascal / M. Pascal
Alison de Vere / Wyatt Cattaneo Production Ltd.
Grande-Bretagne
Grand prix (ex æquo) Annecy 79

1981
Tango
Zbigniew Rybczynski / Semafor Studio
Pologne
Grand prix, Annecy 81

1983
Moznosti dialogu / Dimensions of Dialogue / Possibilités du dialogue
Jan Švankmajer / Kratky Film Praha AS
République tchèque (Tchécoslovaquie)
Grand prix, Annecy 83

1985
Een griekse tragedie / A Greek Tragedy / Une Tragédie grecque
Nicole Van Goethem / CinéTé Pvba
Belgique
Grand prix, Annecy 85

1987
Smatchkan sviat / A Crushed World / Un Monde pourri
Boyko Kanev / Boyana Film, Animated Film Studio Sofia
Grand prix (ex æquo), Annecy 87

L'Homme qui plantait des arbres / The Man who Planted Trees
Frédéric Back / SRC (Société Radio-Canada)
Canada
Grand prix (ex æquo), Annecy 87

1989
The Hill Farm / La Ferme de la colline
Mark Baker / NFTS (National Film and Television School)
Grande-Bretagne
Grand prix, Annecy 89

1991
Seriy volk i krasnaïa chapotchka / The Grey Wolf and Little Red Riding Hood / Le Loup gris et le Petit Chaperon rouge

Garri Bardine / Soyuzmultfilm
URSS (Russie)
Grand prix, Annecy 1991

1993
Le Fleuve aux grandes eaux / The Mighty River
Frédéric Back / SRC (Société Radio-Canada)
Canada
Grand prix, Annecy 93

1995
Switchcraft
Konstantin Bronzit / Second Frog Animation Group
Russie
Grand prix, Annecy 95

1997
La Vieille Dame et les Pigeons / The Old Lady and the Pigeons
Sylvain Chomet / Les Armateurs, Productions Pascal Blais, Odec Kid Cartoons
France, Canada
Grand prix, Annecy 97

1998
Nachtvlinders / Nocturnal Butterflies / Papillons de nuit
Raoul Servais / Anagram
Belgique
Grand prix, Annecy 98

1999
When the Day Breaks
Wendy Tilby, Amanda Forbis / ONF (Office national du film du Canada)
Canada
Grand prix, Annecy 99

2000
The Old Man and the Sea / Le Vieil Homme et la Mer
Alexander Petrov / Productions Pascal Blais, Imagica, Panorama Studio
Canada, Japon, Russie
Grand prix, Annecy 2000

2001
Father and Daughter / Père et Fille
Michael Dudok de Wit / CinéTé Filmproduktie, Cloudrunner Ltd.
Pays-Bas, Grande-Bretagne
Grand prix, Annecy 2001

2002
Barcode
Adriaan Lokman / il Luster Productions
Pays-Bas
Grand prix, Annecy 2002

2003
Atama Yama / Mt. Head / Le Mont Chef
Koji Yamamura / Yamamura Animation INC.
Japon
Le Cristal d'Annecy (Grand prix), 2003

2004
Lorenzo
Mike Gabriel / Walt Disney Studios
États-Unis
Le Cristal d'Annecy, 2004

2005
The Mysterious Geographic Explorations of Jasper Morello / Les Mystérieuses Explorations géographiques de Jasper Morello
Anthony Lucas / 3D Films Pty Ltd.
Australie
Le Cristal d'Annecy, 2005

2006
Historia trágica com final feliz / Tragic Story with Happy Ending / Histoire tragique avec fin heureuse
Regina Pessoa / Folimage
France, Canada, Portugal
Le Cristal d'Annecy, 2006

2007
Peter & the Wolf / Pierre et le Loup
Suzie Templeton / Breakthru Films
Grande-Bretagne, Pologne
Le Cristal d'Annecy, 2007

2008
La Maison en petits cubes / The House of Small Cubes
Kunio Kato / Robot Communications Inc.
Japon
Le Cristal d'Annecy, 2008

2009
Slavar / Slaves
Hanna Heilborn, Aronowitsch David / Story AB, Swedish Film Institute
Suède
Le Cristal d'Annecy, 2009

GRAND PRIX LONG-MÉTRAGE
FEATURE FILM GRAND PRIX

1985
Dalias idok / Heroic Times / Les Temps héroïques
Jozsef Gemes / Pannònia Film
Hongrie
Prix du long-métrage, Annecy 85

1987
When the Wind Blows / Quand le vent souffle
Jimmy Murakami / TVC (TV Cartoons Ltd.)
Grande-Bretagne
Prix du long-métrage, Annecy 87

1989
Neco z alenky / Alice
Jan Švankmajer / Condor Features
Suisse
Prix du long-métrage, Annecy 89

1991
Robinson & Cie / Robinson & Co
Jacques Colombat / Bat Production, INA, Belstar Productions
France
Prix du long-métrage, Annecy 91

1993
Kurenai no buta / Porco Rosso
Hayao Miyazaki / Tokuma Shoten Publishing Co Ltd.
Japon
Prix du long-métrage, Annecy 93

1995
Heisei tanuki gassen Pompoko / Pompoko
Isao Takahata / Studio Ghibli
Japon
Prix du long-métrage, Annecy 95

1997
James and the Giant Peach / James et la Pêche géante
Henry Selick / Walt Disney Pictures
États-Unis
Grand prix du long-métrage, Annecy 97

1998
I Married A Strange Person! / L'Impitoyable Lune de miel !
Bill Plympton / Bill Plympton Films
États-Unis
Grand prix du long-métrage, Annecy 98

1999
Kirikou et la Sorcière / Kirikou and the Sorceress
Michel Ocelot / Les Armateurs, Odec Kid Cartoon, Monipoly Productions, France 3 Cinéma
France, Belgique, Luxembourg
Grand prix du long-métrage, Annecy 99

2001

Mutant Aliens / Les Mutants de l'espace
Bill Plympton / Bill Plympton Films
États-Unis
Grand prix du long-métrage, Annecy 2001

2002

Mari Iyagi / My Beautiful Girl, Mari
Sung-gang Lee / Siz Entertainment
Corée du Sud
Grand prix du long-métrage, Annecy 2002

2003

My Life as McDull / McDull dans les nuages
Toe Yuen / Lunchtime Productions
Chine (Hong-Kong)
Le Cristal du long-métrage (Grand prix), Annecy 2003

2004

Oseam / Oseam, le temple des 5 ans
Baek-yeop Sung / Mago21 Co., Ltd.
Corée du Sud
Le Cristal du long-métrage, Annecy 2004

2005

Nyócker ! / The District! / Le Quartier !
Aron Gauder / Lichthof Productions
Hongrie
Le Cristal du long-métrage, Annecy 2005

2006

Renaissance
Christian Volckman / Onyx Films, Millimages SA, Luxanimation
France, Grande-Bretagne, Luxembourg
Le Cristal du long-métrage, Annecy 2006

2007

Slipp Jimmy Fri / Free Jimmy
Christopher Nielsen / Storm Studio
Norvège, Grande-Bretagne
Le Cristal du long-métrage, Annecy 2007

2008

Sita Sings the Blues
Nina Paley / Nina Paley Productions, LLC
États-Unis
Le Cristal du long-métrage, Annecy 2008

2009

Coraline
Henry Selick / Universal Pictures International, Laika Entertainment
États-Unis
Le Cristal du long-métrage (ex æquo), Annecy 2009

Mary and Max
Adam Elliot / Melodrama Pictures Pty Ltd.
Australie
Le Cristal du long-métrage (ex æquo), Annecy 2009

GRAND PRIX TV

GRAND PRIX TV

1995

Gary Larson's Tales from the Far Side
Marv Newland / International Rocketship, FarWorks
Canada
Grand prix du film TV, Annecy 95

1997

Famous Fred
Joanna Quinn / TVC (TV Cartoons Ltd.)
Grande-Bretagne
Grand prix du film TV, Annecy 97

1998

Die Hard
Konstantin Bronzit / Midi-Cinéma
Russie
Grand prix du film TV, Annecy 98

1999

A Viagem / The Voyage / Le Voyage
Christian Boustani / D&D Audiovisuais SA
Portugal
Grand prix Annecy 99 attribué à une production en cinéma d'animation pour la TV

2000

Angela Anaconda : Les Brise-Glace / Angela Anaconda: Ice Breakers
Sue Rose, Ferrone Joanna / Decode Entertainment Inc.
Canada
Grand prix Annecy 2000 attribué à une production en cinéma d'animation pour la TV

2001

Panique au village « Le Gâteau » / Panic in the Village "The Cake"
Stéphane Aubier, Vincent Patar / La Parti, Pic Pic André Productions
Belgique
Grand prix Annecy 2001 attribué à une production en cinéma d'animation pour la TV

2002

Hamilton Mattress
Barry J. C. Purves / Harvest Films Ltd.
Grande-Bretagne
Grand prix Annecy 2002 attribué à une production en cinéma d'animation pour la TV

2003

Verte / Green
Serge Elissalde / Les Films de l'Arlequin
France
Le Cristal (Grand prix) pour une production TV, Annecy 2003

2004

Creature Comforts "Cats or Dogs?"
Richard Goleszowski / Aardman Animations
Grande-Bretagne
Le Cristal pour une production TV, Annecy 2004

2005

Peppa Pig "Mummy Pig at Work"
Mark Baker, Neville Astley / Astley Baker Davies Ltd.
Grande-Bretagne
Le Cristal pour une production TV, Annecy 2005

2006

Pocoyo "A Little Something Between Friends"
David Cantolla, Guillermo Garcia / Zinkia Entertainment, Granada International
Espagne, Grande-Bretagne
Le Cristal pour une production TV, Annecy 2006

2007

Shaun the Sheep "Still Life"
Christopher Sadler / Aardman Animations
Grande-Bretagne
Le Cristal pour une production TV, Annecy 2007

2008

Moot-Moot « L'Enfer de la mode »
François Reczulski / Franche Connection Animation, 4 Mecs à…
France

Le Cristal pour une production TV, Annecy 2008

2009

Log Jam
Alexey Alexeev / Studio Baestarts Ltd.
Hongrie
Le Cristal pour une production TV, Annecy 2009

GRAND PRIX MEILLEUR FILM DE FIN D'ÉTUDES
GRADUATION FILM GRAND PRIX

1995

The Wooden Leg / La Jambe de bois
Darren Doherty, Nick Smith / The Arts Institute at Bournemouth
Grande-Bretagne
Prix du meilleur film de fin d'études, Annecy 95

Annie
Christine Ferriter / CalArts (California Institute of the Arts)
États-Unis
Prix du meilleur film de fin d'études, Annecy 95

1997

Lili et le Loup / Lili and the Wolf
Florence Henrard / ENSAV (École nationale supérieure des arts visuels de la Cambre)
Belgique
Prix du meilleur film de fin d'études, Annecy 97

1998

Frontière
Christian Fischer, Maud Gravereaux / Filmakademie Baden-Württemberg
Allemagne
Prix du meilleur film de fin d'études, Annecy 98

1999

Gazoon
Romain Villemaine / CNBDI (Centre national de la bande dessinée et de l'image)
France
Prix du meilleur film de fin d'études, Annecy 99

2000

The Moment / Le Moment
Thomas Voigt / HFF (Hochschule für Film und Fernsehen « Konrad Wolf »)
Allemagne
Prix du meilleur film de fin d'études, Annecy 2000

2001

Géraldine
Arthur de Pins / ENSAD (École nationale supérieure des arts décoratifs)
France
Prix du meilleur film de fin d'études, Annecy 2001

2002

Das Rad / Rocks / Caillasses
Heidi Wittlinger, Chris Stenner, Arvid Uibel / Filmakademie Baden-Württemberg
Allemagne
Prix du meilleur film de fin d'études, Annecy 2002

2003

Sunday Evening
Kalina Vutova / NATFA (National Academy for Theatre and Film Arts)
Bulgarie
Prix du meilleur film de fin d'études, Annecy 2003

2004

Allerleirauh / Whisper of the Furcone / Le Chuchotement
Anja Struck / KHM (Kunst Hochschule für Medien Köln)
Allemagne
Prix du meilleur film de fin d'études, Annecy 2004

2005

Overtime
Oury Atlan, Thibaut Berland, Damien Ferrié / Supinfocom
France
Prix du meilleur film de fin d'études, Annecy 2005

2006

Astronauts
Matthew Walker / IFSW (International Film School, Waves)
Grande-Bretagne
Prix du meilleur film de fin d'études, Annecy 2006

2007

t.o.m.
Tom Brown, Daniel Benjamin Gray / IFSW (International Film School, Waves)
Grande-Bretagne (Pays-de-Galles)
Prix du meilleur film de fin d'études, Annecy 2007

2008

Camera obscura
Matthieu Buchalski, Jean-Michel Drechsler, Thierry Onillon / Supinfocom Valenciennes
France
Prix du meilleur film de fin d'études, Annecy 2008

2009

For Sock's Sake
Carlo Vogele / Gobelins, l'école de l'image
France
Prix du meilleur film de fin d'études, Annecy 2009

MERCI THANKS

Merci aux animateurs d'avoir joué le jeu et d'avoir participé avec talent et imagination à ce projet / Thanks to the animators for playing the game and taking part with talent and imagination in this project: Mikhail Aldashin • Alexey Alexeev • Nag Ansorge • Frédéric Back • Garri Bardine • Vivienne Barry • Jérôme Boulbès • Bruno Bozzetto • Konstantin Bronzit • Ferenc Cakó • Enzo d'Alò • Gaëlle Denis • Arthur de Pins • Peter de Sève • Franck Dion • Paul Driessen • Jacques Drouin • Michael Dudok de Wit • Ralph Eggleston • Adam Elliot • Jean-Luc François • Mike Gabriel • Jacques-Rémy Girerd • Matt Groening • Samuel Guillaume • Leigh Hodgkinson • Co Hoedeman • Raimund Krumme • Georges Lacroix • Jean-François Laguionie • Chris Landreth • Greg Lawson • Sung-gang Lee • Peter Lord • María Lorenzo Hernández • Florence Miailhe • Marv Newland • Michel Ocelot • Nick Park • Ishu Patel • Regina Pessoa • Alexander Petrov • Caroline Piochon • Bill Plympton • Břetislav Pojar • Joanna Quinn • Carlos Saldanha • Pjotr Sapegin • Georges Schwizgebel • Thierry Schiel • Henry Selick • Raoul Servais • David Silverman • Peter Sohn • Jan Švankmajer • Doug Sweetland • Will Vinton • Cédric Villain • Richard Williams.

Merci également aux auteurs des textes qui ont remué leurs méninges pour nous faire partager l'expérience d'Annecy / Thanks also to the writers of the texts for racking their brains to let us share in the Annecy experience: Serge Bromberg • Michel Ciment • Maurice Corbet • Patrick Eveno • Marcel Jean • Sayoko Kinoshita • Tiziana Loschi • Dominique Puthod.

Merci à l'équipe de Citia et en particulier à / Thanks to the team at Citia and particularly to: Géraldine Baché • Stéphanie Bergeron • Laurence Ythier.

Merci à André Gobeli de nous avoir reçus et de nous avoir autorisés à reproduire ses images / Thanks to André Gobeli for speaking to us and letting us print his photos.

Merci à nos partenaires de nous suivre et de nous soutenir année après année / Thanks to our partners for their backing and support year after year: la région Rhône-Alpes • le conseil général de la Haute-Savoie • la Communauté de l'agglomération d'Annecy • le Centre national du cinéma et de l'image animée • le ministère de la Culture et de la Communication • le programme MEDIA 2007-2013 de l'Union européenne • la ville d'Annecy.

Pour leur aide et leur générosité, un merci particulier à / For their help and their generosity, a special thank you to: Maricla Affatato • Süzel Back-Drapeau • Margaret Aileen Brophy • Toni Carmichael • Antonia Coffman • Ron Diamond • Samantha Fitzgerald • Malia Hugues • Christina Julian • Pavla Kallistova • Biljana Labovic • Angie Last • Philippe Silvy • Jessica Spencer • Mo Sutton • Ivan Vit • Chris Wiggum • Amy Wood.

Et enfin, un grand merci aux Éditions Glénat sans qui le livre n'aurait pas été ce qu'il est / And finally, a big thank you to the publishers Glénat without whom the book would not be what it is: Aurore Lebaigue • Ségolène Marbach • Georges Riu.

L'éditeur remercie également Marie Collinet et Corinne Denis pour les traductions des textes dans des délais parfois… serrés ! / The publishers would also like to thank Marie Collinet and Corinne Denis for the translations in sometimes unseemly deadlines!

RhôneAlpes Région • haute savoie Conseil Général partenaire • COMMUNAUTE DE L'AGGLOMERATION D'ANNECY • CNC • Liberté • Égalité • Fraternité RÉPUBLIQUE FRANÇAISE Ministère Culture Communication • MEDIA A programme of the European Union • ANNECY